育てやすく・生きやすく

発達凸凹を感じたらタッチライフをはじめよう!

発達支援カウンセラー
おーこ

JN156333

エスコアール

目次

はじめに……8

第1章 発達凸凹の息子と親子になるまでの三年九か月……13

1 氷河期……14
2 迷走期……19
3 癇癪多動全開期……24
4 タッチライフとの出会い……29
5 タッチライフ手探り期……33
6 お家遊び……36
7 お外遊び……44
8 変化……48

第2章 タッチライフの役割 57

1 困った言動への対処より発達の促進に力を入れ、伸びやすい体をつくる 58
2 「ママだけは分かってくれる」という、絶対的安心感を育てる 60
3 タッチライフとは 63

第3章 タッチライフとその効果 67

1 安心で満たすことが最優先 68
2 信頼関係の形成力を上げる 70
3 やる気を育てる 72
4 タッチによる身体的効果 73
5 タッチライフの効果 76
6 相談者さまのご感想 79

第4章 タッチライフで発達の土台を強化し育ちやすい体にしよう！ 89
1 発達は段階的である …… 90
2 大事なところを抜かしているかもしれません …… 96

第5章 タッチライフをはじめよう！ 99
1 タッチを取り入れよう！ …… 100
【触れることで愛情が伝わる】
【楽しく触れ合って遊ぶ】
【心を重ねて支える】
【触れながら愛情を言葉にする】
【五感に気持ちの良いことをプラスする】
2 タッチの触れ方3つのポイント …… 107
【心地良い圧をかける】
【呼吸を合わせる】

【言葉は短く】
3 タッチライフがうまくいくコツ9つのポイント …… 108
【子供のやって欲しい箇所・強さ・早さを優先する】
【子供が求めている時はできるだけ早く】
【目覚めた時や朝の抱っこを大事にする】
【帰宅時や夕方、寝入りのタッチでエネルギー補充】
【遊びながら・テレビを観ながらタッチやハグをする】
【タッチは先行投資のようなもの】
【荒れている時は言葉よりもタッチする】
【義務感でやらない、無理をしない】
【触覚過敏のお子さんは圧迫から始める】
4 施術のポイント …… 114

第6章 触れ合い遊び 121

第7章 タッチライフで子供が伸びる10のポイント 127
1 嫌がること・怖がることは一旦やめる 128
2 子供のしたいことに合わせる 128
3 伸びる近道は好きなことから広げる 129
4 遊び・運動を一緒に楽しむと「体・脳・心」が発達する 131
5 一旦受け止める、最初の言葉が大事 133
6 褒めるより、ママの喜ぶ顔がやる気を育てる 136
7 自己肯定感を育てる 138
8 柔軟に視点を変えると、子供との絆が強くなる 140
9 子供を笑わせると、行動を切り替えやすくなる 142
10 感情を拾い言語化すると、自分が分かっていく 145

第8章 タッチライフの大切さ 147
【やってみて体得するもの】 148

【未来の生きやすさにつながる】……149
【タッチは愛情エネルギーを充電すること】……151
【タッチはどんな子供にも有効？】……153

■こんなお子さんにタッチライフはおすすめです……156

おわりに……166
参考文献……168

はじめに

お子さんの発達に不安を感じる、言うことを聞いてくれず対応が難しい、言葉やできることを増やしたい、学校に楽しく行けるようにしたい、親ができることは何だろう？　将来に向けて今やるべきことは何だろう？　と思われているママさんはいますか？

こんにちは、発達支援カウンセラーの「おーこ」です。

冒頭の投げかけは、広汎性発達障害で、現在十八歳になる息子を育てるにあたり、私も思ってきたことです。息子には、今も年齢なりの悩みはあるのですが、幼児期・学童期からすると困り感はなくなり、私が思う以上に頑張り成長してくれました。現在は、一時間半かけて三年間通った特別支援高校就業技術科を卒業し、春から企業の特例子会社で、お仕事をさせていただきます。

息子の高校入学を機に、今迄勉強してきたカウンセリングと経験を活かそうと、発達凸凹児を育てるママさんや、大人の発達凸凹の方への発達支援カウンセリングを始め、現在は、個別相談や講座・セミナーなどをしています。

というのも、私自身が息子を育てながら沢山悩みましたし、色々な情報を精査すること、我が子に合う方法やタイミングを判断する材料を得ることにとても苦労したので、同じような悩みを持つ方には、その時間と労力をなるべく使わずにすむよう、発達凸凹育児のお手伝いができたらと思ったからです。

私は息子を育てる上で、タッチを中心とした関わり方に最初に出会いました。それからいろんな方の支援方法やアドバイスを取り入れ、実践してみて良いと思った方法からでき上がった物が「タッチライフ」です。

これは私が作ったものなので、一般的に「タッチ」と言われているものや発達凸凹の療育方法とは、少し違うかもしれません。

息子も療育機関や塾など、色々な所でお世話になりました。どこでも良い先生に恵まれてプラスになりましたし、抵抗せずに取り組めたこと、学校に楽しく通えたことなどは、タッチを最初に取り入れていたお陰だと思っています。タッチを取り入れて十五年経った今も、何よりも大切であったと実感しています。

「タッチライフ」を取り入れて良かったなと思うことは、今の息子にはやる気や自己肯定感があり、自分も相手も好きで、楽しみを持っていてくれることだと思います。また私自身も、まったく意思の疎通がとれなかった息子とつながることができ、希望を持って前に進むことができるようになりました。指示が入るようになったので怒らなくてすみ、気持ちの上でとても楽になりました。

また、もしタッチに出会わなければ、発達する上で一番大切なところをすっ飛ばしていたように思います。息子のためと思い込み「できることを増やす」ことにばかりフォーカスした関わり方になり、息子には自己肯定感もやる気も育たず、親子の穏やかな思い出もなかったかもしれません。

息子から教えられたことは山ほどあるのですが、中でも大事だと思うのは「発達凸凹児を育てる上でとても大切な視点は、癇癪《かんしゃく》やこだわりなど、困った症状の対処にフォーカスするのではなく、そうなりにくい体にしてあげることが先である」ということです。このことを知っていただけたら、ママはお子さんの見方が少し変わるのではないかと思います。問題行動の対処に追われ、不安や焦りで押しつぶされるよりも、発達そのものを促進するアプローチにエネルギーを使いませんか？　タッチライフで困り感を減らし、親子とも楽ちんになっていただきたいのです。

息子が小さかった頃に比べ、今では発達凸凹への社会認知や療育支援体制などがずいぶんと進み、そのための情報も溢れていると思います。しかし十人十色の発達凸凹を理解することはとても難しく、どう育てたら良いのかという親の不安や焦り、悩みの大きさは、あまり変わらないかもしれません。

早期発見、早期療育へ即つながる今、その大事なところを飛ばさないように、知っておいていただきたいことを本書ではお伝えしたいと思っています。

私は決して療育が必要ない、というのではありません。療育を活かすために、その前にやるべきこと、ママだからできることがあり、それが、とてもとてもその後の発達に関係してくるということを知っていただきたいと思います。

私は、なぜタッチライフで息子が変化し、発達したのかを知りたくて、触覚や脳や体について十年ほど勉強してきました。そして皮膚や体について知れば知るほど、発達凸凹児の発達を促進させるためには「触覚刺激が有効な方法の一つである」と確信するようになりました。タッチライフは、我が子を安心で満たし、信頼を理解させ、やる気の出る子にする関わり方です。これは、第三者ではなくママだから効果が大きいのです。

タッチはいつからでも取り入れられます。すべての発達凸凹児とご家族・支援者の幸せを心より願っております。

■本書では診断の有無に関わらず、広汎性発達障害や精神遅滞・グレーゾーンを含む自閉症スペクトラムの方を「発達凸凹」と表記します。

第1章

発達凸凹の息子と親子になるまでの三年九か月

1　氷河期

息子はよく寝てよく母乳を飲み、一か月検診では健康優良児で保健師さんに褒められるほど、元気な赤ちゃんでした。

ところがそれからだんだん夜泣きがひどくなり、尋常ではなくなっていきました。一時間立ったまま抱っこをして寝かしつけ、布団におろすと泣き叫ぶ……を繰り返し、結局抱っこしたままそろりとソファーに座り、そのままで何時間か眠る……という日が続きました。また、息子を寝かしつけるために、夜のドライブに行くことも増えていきました。「みんな夜泣きでこんなに大変なの？」と思いながら、私は毎日寝不足で疲弊していきました。

体は順調に大きくなっていたのですが、半年ほどして気になったことは、殆ど人見知りをしなかったことでした。

一歳の頃かと思いますが、横に立っている黒人の男性に、自分から抱きつこうとしたことがありました。私もびっくりしましたが、その男性も驚いていました。あとから思ったのですが、大好きな英語のテレビ番組に出ている黒人男性が好きだったので、おそらく息子はその人だと思ったのでしょう。私は「普通ならばママにしがみつくんじゃないの？」と思いました。このことは、寂しい思いと同時に、違和感を覚えた最初の事柄だったように思います。その後も道行く人誰にでも挨拶したり、バスや電車に乗ると、知らない人にも宇宙語で話しかけたりしました。

また息子は、その頃三歳年上の従姉（私の姪）によく遊んでもらっていましたので、似たような体形でピンクの服を着た女の子を、従姉と思っていた時期がありました。公園などで似た感じの女の子を従姉と間違えて手をつなごうとしたり、ついて行ってしまったりすることがよくありました。

今はできるようになりましたが、視覚的な問題と認知の問題から、息子には顔の識別ができない特性があったのです。この頃、知識のない私は、そんなことはまったく分かりませんでした。

息子の運動発達は順調で、ハイハイの期間が短く、生後十一か月にはつかまり立ちから伝い歩きを始め、一歳には歩いていました。歩き始めると、とてもよく動き、危なくて仕方ありませんでした。

ここからは、今思い出しても辛い地獄の特訓的な毎日……息子の超多動な時代が始まります。「私はアスリートなの？」と思うほど、走って息子を追いかけていたので、いつか疲労骨折する……と、本気で思っていたほどです。

息子は毎日外に出たがり、気づくと勝手に靴を履いていることがありました。公園では砂場などに落ち着いてとどまっておらず、広い公園内をウロウロし、遊具の高い場所にもズンズン登り、ブランコをこいでいる人の前を平気で通り、あっという間に道路に出ていきました。移動するスピードは、瞬きしたら視界から消えるくらいの早さ……という感覚でした。ですから私は、鬼のような形相で「危ない！待って！　言うこと聞いて！」と叫んでばかりいました。

やっと息子を捕まえて「危ないよ！　ママと一緒だよ！」などと怒っても、息子は怒られていることすら分かっていない感じで、そっぽを向いてキョトンとしていました。

息子は、二歳になってもまるで指示が通りませんでした。（他の子は、ママが呼んだら止まるし手をつないだりするのに、どうしてこの子は分からないのだろう？……）（言葉が出ない、呼んでも来ない、視線も合っているのかしら？）（砂場では砂をまく。靴に少しでも砂が入ると大騒ぎする）（水道を全開にし、止めると癇癪を起こす）（知らない子のおもちゃを勝手に使い、放り投げる）（私を気にせずに、どこまでも行ってしまう）（危ないこと、怖いことが分からない）（あまり人や遊具には興味がなく、ひたすら歩いている）……。

「犬のフンは持ち帰りましょう」などと書かれた立て看板をじっと見つめて立ち止まっている時が、私の休息時間でしたが、その後道に落ちている本物のフンをつかみ、最悪な事態になったこともありました。

このように外に出るのは命がけで、そんな息子との日々に、本当に心も体も疲れていきました。

また「帰る」という行動の切り替えができず、「帰ろう」と促してから何時間もかかることは当たり前でした。結局コンビニでアイスを買い、食べることに気が向いているすきに家の中に入るということをしなければ、癇癪を起こして家に入れなくなる状況でした。

理由は分かりませんでしたが、一度駐輪場で三十分以上泣かれたことがありました。私も疲れていたので「あとは家に入るだけ」という思いから二人で根比べのようになりましたが、最後にはもう一度自転車に乗せ、息子がご機嫌になるまで、走り続けなければなりませんでした。「癇癪パワー　恐るべし！」です。

ところが、タッチを始めて数か月経った頃から、殆ど癇癪を起こさなくなったので、私の気持ちは本当に楽になりました。

ある日、私が気づかないうちに家から出てしまったことがありました。慌てて探しても既に姿が見えず、ましてや家の前は六車線の幹線道路です。ゾッとしました。まさかと思いながら、道路向こう側にあるコンビニを覗くと、おもちゃの棚を物色している息子の姿が目に入りました。

安堵と恐怖が入りまじる中で家に連れ帰り「一人でお外に出てはダメ！」といくら話しても、息子は遠くを見るだけで、分かってはくれませんでした。その後すぐに、ドアへ鍵やブザーを取り付けたのは言うまでもありません。私には今迄に味わったことのない、想像を超えた不安感が心にじわじわと広がっていきました。

「いくら言葉が出ていなくても、なんとなく伝わるものだろう」と思っていたのですが、（意思の疎通は視線や表情で可能なはずなのに、それが感じられない）（感じ取ってくれないのは一体なんなのだろう？）（私は息子とつながれていないのだろうか？）（ニコニコしていて可愛い息子……でも、私を求めている感じがない）……と思うと、泣くことすらできず、恐怖と悲しみで凍りついていきました。毎日腕が痛くなるほど抱っこをし、母乳で育て、一日中一緒にいるのに意思の疎通がとれない……現実はまったく親子の関わりが持てていないのです。私がおかしいのだろうか？「通じ合えないことがある」なんてことが信じられませんでした。そんなことを認めたくなかったし、まだこの頃は「ただこの子は成長がゆっくりなだけだ」と思いたかったのです。

こんな底知れない不安や恐怖を、母親になって味わうとは思いもしませんでした。それは寒々しく広がる「氷河期」に、まさに流氷の上に二人きり……という気持ちでした。

2　迷走期

ゾワゾワする不安を抱えて誰にも言えないまま、息子は二歳になりました。

この頃から月に二回、十五組ほどの親子が参加する初めての集団活動の場、親子学級へ参加するようになりました。ここでは、保育士さんの用意してくださる、体操、お歌、紙芝居、工作などが行われました。

息子は最初お部屋に入るのを嫌がり、抵抗しました。無理やり入れると部屋の隅に行ったり、走り回ったり、見えないようにしてあるおもちゃを出してしまうなど、まったく他のお子さんたちとは違った行動をとりました。息子は自分の気持ちを表すことができず、どうしたいのかすら分からないような混乱ぶりで、一人だけ違うことをしていました。私は息子だけが違うので、とても戸惑いました。

たまに、トンネルくぐりや跳び箱などには興味を持って参加しましたが、輪になってお友達と手をつないだり、体操をしたりするのをとても嫌がり、一度もやりませんでした。紙芝居や絵本なども、他のお子さんは座ってじっくり聞いているのに、息子は遠くへ離れてウロウロするばかり……私は恥ずかしくていたたまれない気持ちでいました。

ある日「お母さんがランダムに部屋の端に立ち並び、子供たちも向かい側に立ち、自分のお母さんを見つけて走っていく」という遊びをやりました。ヨーイドンで一斉に子供たちはお母さん目がけて走っていくのですが、息子は私ではなく、仲良くなったお友達のママに抱きつきました。他にそんな子は一人もいませんでした。抱きつかれたママのお子さんは、怒って息子を押しのけようとしていましたが、息子はニコニコでした。みんな息子がそのママさんを気に入ったという感じで笑っていましたが、私は倒れそうなくらいのショックを受けていました。涙をこらえるのに必死で、顔が引きつっていたことと思います。息子には、ママを見つけるというルールが理解できていなかったことや、私をママという存在として分かっていなかったのだと思います。「見た目には発達に問題があるようではないけれど、本人は理解していない」。私はこの時、息子の発達に遅れがあることを認めざるをえませんでした。帰り道、自転車をこぎながら、涙が止まらなかったのをよく覚えています。

え？

その後は、お友達のいる公園などで一緒に遊ばなくなりました。いつ行っても、私は息子を追いかけているだけでママたちと話すこともできないし、息子も一緒に行動することができないので、苦痛も大きくなっていきました。

子供たちが家に遊びに来てくれても、息子はまったくお友達に興味を示さず、勝手に遊んでいるだけでした。申し訳なく「もう無理かも……」と思いました。

「普通」という道から外れていく私たち。この子はどうなっていくのだろう？　私は育てることができていないのだろうか？　なんとなく思い描いていた子供の成長や、一つひとつが喜びであり楽しいはずの子育ては、どこに行ったのだろう……。他のママたちから聞く育児の悩みからはどんどんかけ離れていき、不安と恐怖で気がおかしくなりそうでした。まさに「迷走期」です。

二歳からタッチに出会う三歳過ぎまで、私にとっては一番辛く、孤独な時代でした。皆さんもこの氷のようなトンネルをくぐり抜けてきたことと思います。

もうすぐ三歳を迎えようとする頃、幼稚園への願書提出と面談の時期がやって来ました。三月生まれの息子に三年保育は厳しく、まして今の状態で集団生活は難しいと思いながらも、四歳からの二年保育をしている幼稚園はごくわずかだったこともあり、とても悩みました。

保健センターなど何か所かに相談に行きましたが「お母さん気にしすぎ、三月生まれだし、男の子は言葉が遅いから、様子を見ましょう」などと、あまり取り合ってもらえませんでした。

その頃の息子は、コマーシャルのフレーズなどを真似て言う、エコラリアだけで、意味のある言葉や欲求を表す言葉は出ていませんでした。この頃はまだ発達障害の認知度が低く、今ほど知られていませんでしたし、何も知らなかった私は、集団生活でどんなことが起きるのか、想像もできませんでした。

そんな中で、のんびりした感じの幼稚園へ相談に行き「言葉の遅れがある、指示が入らない、オムツが取れていない、癇癪がある、多動である」ことなどをお伝えして、面談も二回していただき、受け入れてもらえることになりました。

入園式は汗だくでした。先生方が挨拶などされている間、息子はじっとしていることができず、私は押さえつけるのに必死でした。最前列に着席したことから、周囲や先生方の視線が気になり、目立つのが嫌で、退席することさえもできませんでした。集合写真も、ものすごく嫌がって一人で座ることができず、私が抱っこをして撮りました。他にはこんな風にバタバタしているお子さんはおらず、私には「明日からどうなるのだろう？」という不安しかありませんでした。

あの頃発達障害に気づいていれば、知識が今のようにあれば、もっと適切な対応や選択ができたのに、と思います。息子のためだけではなく、自分の心にトラウマ的な感情が残ることも、少なくすませることができただろうと思います。早期に診断を受けることが良いというわけではありませんが、ママが知識を持っているのといないのとでは、まったく違うと思います。
発達凸凹の傾向を持っていても、環境や関わり方で大きく変わりますし、ママ自身も楽になります。

3　癇癪多動全開期

幼稚園の生活は「嫌がる、逃げる、怒る、抵抗する、癇癪を起こす」の連続でした。三歳といえども、全力で泣かれ、暴れられたら、本当にすごい破壊力です。私一人ではどうにもならないくらい大変で、キーッとなり「もう、どうすればいいのよ！　泣きたいのはこっちだよ！」となっていました。

癇癪のスイッチがなぜ入るのか分からないことが多々ありましたが、基本的には自分の思うようにできないと、癇癪を起こしていました。でも息子にとって、多動ですぐにはぐれるので危ないし、迷惑をかけることになるので、外に出た途端に「ダメ」と止められることだらけなのです。

特にスーパーでの買い物が大変でした。店内を走り回り、レジで会計をして目を離した間にいなくなり、やっと見つけて帰ろうとすると、行動の切り替えができずに癇癪を起こしました。道端でも寝転がり、バタバタ・ギャーギャーと暴れます。抱っこして自転車に乗せようにも、危なくて乗せられないし、お菓子をあげても投げられる……何を言っても収まりませんでした。人にジロジロ見られ、知らないおばさんに注意されたこともありました。家の中でならまだ良いのですが、私にとって外での癇癪ほど辛いものはありませんでした。「私は怒り、息子は泣く」の繰り返しでした。「子育てってこんなに大変なの？」「人生って、みんなこんな修行をしているの？」この頃の私は、これが発達凸凹による癇癪だということも、分かっていませんでした。何よりも、人の視線が本当に嫌でした。

「癇癪・多動全開期」襲来。

登園準備では園服を嫌がり、着せるだけで朝からバトルが始まります。私はお迎えのバスに間に合わせるために、必死で着替えさせ、なんとか連れ出す毎日を繰り返しました。息子には触覚過敏があり、決まった感触の服しか着ないし、長袖を嫌がり冬でも半袖でした。三、四歳の頃は気に入ったTシャツがあると、色違い、サイズ違いで何枚もまとめ買いをしました。皮膚感覚が敏感で、肌着もなかなか着ませんでした。

まだオムツが取れていなかった息子は「園で対応するので、パンツの替えを持たせてください」と言われてオムツを取りましたが、おもらしが多く、園から帰った時は必ずといっていいほど体操着でした。着替えが大変な息子には、これもまた辛かったことと思います。

また、通園バスが到着するまでの待ち時間は、道路の前で動き回って危ないので、目が離せませんでした。他のママさんたちは、ちょっと子供を気にする程度で、話をしていられるのです。一緒に幼稚園へ通う子の弟さんよりも、息子は指示が入りませんでした。私は「普通はもっとママの言うことが分かるのだな……」と毎日実感し、憂鬱になりました。

入園して初めての参観日に、息子は落ち着きがないながらも座って指示を聞き、なんとかやっていました。一人ずつスキップを披露する時、息子は一人だけスキップができませんでした。腰に手を当て、一生懸命に膝を上げようとしてよく頑張っていましたが、やはり息子にはきついかな……と思うと心が痛くなりました。先生方はとても可愛がってくださり「手がかかることは、気にしないでください」と言ってくださっていましたが、みんなと一緒にできない息子本人は、辛かっただろうなと思います。

六月のある日、私は心配になって幼稚園へ様子を見に行きました。息子に気づかれないようにと遠くから園庭を覗いたところ、誰もいないようでした。が、よく見ると一人、体操着で園庭の周りを走っている子が目に入りました。そばによってみると、はだしで砂を蹴り上げながら、汗まみれになって何かにとりつかれたように走っている息子がそこにいました。でも、先生は一人もいませんでした。

しばらくその様子を見ていた私は、息子に無理をさせていたことに気づきました。息子をとにかく楽にさせてあげたいと思い、その日に退園をすることにしました。

息子の連絡帳には、よく「職員室のソファーで寝ていました」ということが書かれていました。息子が中学生になった頃「そのことを覚えている？」と聞くと、副園長先生（男性）に、よく職員室で怒られていたとのこと「あいつ、俺の気持ちが全然分かってなくてさ〜」と話してくれました。その頃の息子は会話もできず、指示も入らず、多動で動き回り、トイレなどの身辺自立もできないことだらけで、先生方も大変だったことは容易に想像がつきます。

先生から怒られて泣き疲れ、寝てしまったのでしょう。三歳の子が大きな男の人から怒られて、どんなに怖かったことでしょう。

私は、中学生になって初めて話してくれた息子を見て、泣きたくなりました。家でも園でも辛かったのに、何も言えずに頑張っていた息子に「あの頃は分かってあげられなくてごめんね」と謝ると、「別にいいよ〜」と優しい声が返ってきました。

あのとき退園させてよかった、無理をさせていたら二次障害になっていたかも知れないとも思いました。二次障害は誰が悪いわけではないのだと思います。ただ、発達凸凹児がどのくらい大変な思いでいるのか、周囲の大人には想像がつかないことがあるのです。それくらい凸凹を理解するのが難しいのだと思います。

私たち親子は、入園三か月で幼稚園をドロップアウトしました。なぜ私はこんなにスパッと退園を決断できたのか、今でも不思議ですが、ここでやめていなければタッチには出会っていなかったと思います。これが、私と息子のタッチライフの初めの一歩だったのかもしれません。

4　タッチライフとの出会い

退園後私たち親子は、毎日家でのんびりしていました。

息子は以前のように自由に遊び、のびのびしていました。私は途方に暮れてはいましたが、退園したことで毎朝のバトルから解放され、他のお子さんと比べて落ち込むこともなくなり、気が楽になった部分もありました。また自分がどれほど無理をしていたのかに気づきました。

それから二か月後、発達に心配のあるお子さんや不登校児を支援している相談機関の予約が取れたので、息子を連れて行きました。

広いお部屋におもちゃが沢山あり、息子は抵抗なく部屋に入り、ご機嫌で遊んでいました。ベテランの相談員Ａさんは息子を観察しつつ私の話をよく聞いてくださったので、やっと私の困り感がしっかり伝わる人に出会い安堵しました。その方は、お茶の水女子大学名誉教授で言語臨床家の第一人者であった、田口恒夫先生の書かれた古い本を私に見せてくださり「このやり方でまずはやってみなさい」と教えてくれました。その本には自閉症、発達障害という言葉は一切使われていませんでしたが、症状の例が一致するものばかり書かれていました。相談員の方は、病院で診断をとっても特に何かが進むわけではないし、予約が取れるのにも十か月はかかるだろうから、その間にお家でやりなさいと、具体的なことを教えてくださったのです。

当時タッチとは呼んでいませんでしたが、体に触れ、可愛がることを中心とした接し方のポイントや優先事項を教えていただきました。「この方法でうまくいった親子が沢山いるから、だまされたと思ってやってみて」と言われ、私は藁にもすがる思いで、とにかくやってみようと思いました。これが「タッチライフ」との出会いでした。

その頃の息子は、欲求や意思表示はないけれど、声は出ていました。それだけに、私は「ママと呼ばれず、つながることができないままでは耐えられない、生きていけない」と思っていました。だから、タッチに出会った時は、真っ暗な海の上を流れる氷の上で彷徨っていた私たちに、突然ヘリコプターから救助ロープが下りてきた感じでした。「息子と死なずにすむかも知れない、助かるかも知れない」、そんな気持ちでした。

今まで「息子をきちんと育てなければ」と思ってやっていたことは、すべて白紙に戻すこととなりました。「赤ちゃんだと思って可愛がりなさい。赤ちゃんに躾などしないでしょう」と言われ「そこからやり直すのか……でも、それで息子とつながれるなら、なんでもやってみよう……」私は自分にできることが見つかり、久しぶりに気持ちが前向きになっていました。

・嫌がることはしない。
・命に関わること以外、ダメダメを言わない。
・抱っこする。
・ただ遊ぶ。
・躾ようとしない。
・赤ちゃんのように可愛がる。

このことを紙に書いて冷蔵庫に貼りましたが、実際に始めようとするとかなり難しいと思いました。そして「私は神のしもべになるのか？」と思いましたが、これしか今の私にはできることがないのです。夫にも理解し、協力してもらおうと話しましたが

「こんなことして、わがままでどうしようもない子になったらどうするの？」

という、もっともな答えが返ってきました。息子は三歳ですから、そりゃあ普通に考えたらそうなりますよね。もともと夫は、息子の発達に異常があると認めていなかったので、説明しても分かってもらえませんでした。息子は三歳だけれど、まだ一歳くらいの育ちなのです。「ここからやり直す必要がある」そう思い、私は「これしかない！」と確信していました。その時私は夫に「悪いけど、私はこの方法以外見つからないし、このままだと生きていけないからやらせてもらう。協力しなくていいから、邪魔し

ないで！」と言ったと思います。夫は私の権幕に押され「分かった、好きにしろ！」となりました。他の子と見比べることがなく、発達について気にしていない夫の意見が変わるまで、待っていては手遅れになってしまうと、本当に危機感を持っていました。その時は、あとで分かる時が来るだろうと思い、私一人でも先に進むことにしました。

息子が三歳五か月、夏の終わりでした。その後、息子に変化が出始めると、夫はとても協力的で、よく遊んでくれました。

5　タッチライフ手探り期

まず取り掛かったのは「ダメダメと言わないですむ環境をなるべく作る。お家で遊ぶのがもっと楽しくなるように工夫する」ことでした。ここまでは辛い時代でしたが、ここからは光に向かって進みます。

息子と私は「ちょうだい」や一緒に目を合わせて「おいしいね」などのやり取りをして「一緒に遊ぶ」ということができていませんでした。なんとなく遊んだり笑ったり、喜ぶことをすればキャッキャとはしゃぐのですが、一緒に気持ちを共感するのではなく、息子が楽しんでいるのをただ私が見ているという感じでした。

それをまず共有し共感できるようにするため、部屋を改造して息子が喜ぶものをできるだけ作りました。こうして凸凹ランド作りをし、家で遊ぶのがもっと楽しくなる環境をつくっていきました。

・息子はキラキラが大好きなので、キラキラののれんをかけ、くぐりながら追いかけっこをしたり、クリスマスに飾るオーナメントやミラーボール、サンキャッチャーなどを天井から吊るしたりしました。
・壁には模造紙を貼り、どこにお絵かきをしてもいいようにしました。
・また、ピタゴラスイッチ風に筒をジグザグに貼りつけ、ビー玉やビーズを何十個も転がして遊びました。

・ダイニングテーブルの下にはなぜかトミカのレジャーシートを広げたがり、片づけようとすると怒るので、ガムテープで貼りつけました。テーブルの下にもぐり、トミカごっこをするところから一緒に遊べる感覚になったように思います。

・プラレールやブロックなどで作ったら、しばらくは崩さずにそのままキープします。この時期にはおもちゃの片づけを覚えさせるのではなく、おもちゃは安心材料なので、お気に入りの物は特に片づけずに目に見える所に出しておくようにと助言を受けていましたので、出しっぱなしスペースを作りました（今は片づけられる子ですよ）。

・段ボールのお家やトンネルは大好きで、一緒に中に入ってお菓子を食べたり、電気を消してライトだけで遊んだりし、壊れても何度も作りました。「段ボールのお家の窓からテレビを観る」というミッションも強要され、息子とよくアンパンマンを観ました。これは膝と腰が痛くなりましたが、こらえての神対応でした。

・アイテムとして一番活躍したのは、一メートルのホワイトボードです。それまでクレヨンなどで紙に描くのは、うまく描けない上にそれを消せないので、いつも癇癪を起こしていました。ホワイトボードはすぐに消せることや、筆圧の弱い息子にとってお絵かきをしやすかったようで、絵かき歌を描いて楽しんだり、私が変な顔を描くとゲラゲラと大喜びしたりしました。これは視覚支援にも、コミュニケーションにも、とても役立ちました。

こんな風に私たち親子は、できるだけ楽しい環境で、沢山一緒に遊びました。おそらく一日の大半を遊んでいたと思います。

またできるだけ抱っこし、触れ合い、じゃれ合いながら遊びました。タッチで大事なことは、息子が気持ちよさそうな顔をしているかどうかでした。寝る時はもちろん、テレビやビデオなどを観る時には、必ず抱っこをしていました。本当ならばその時間に家事をしたいのですが、この時期はタッチを優先し、しっかり触れ合いました。すると息子はだんだんと私に体を預け、上手に力を抜くことができるようになっていきました。そして落ち着き、穏やかになり、お互いに通じ合えている感覚が増していきました。私は「触れることは愛情が確実に伝わる、そして受け取れるようになる」と実感していきました。これはあとから学んで分かったことですが、触覚を心地良く刺激すると、親子ともにオキシトシンというホルモンが分泌され、体も心も脳も良い状態になります。（オキシトシンについては後に触れます）

私は開き直っていたこともあると思いますが、イライラしなくなりました。手がかかって仕方がなく、言葉がない息子に対して不安や焦りばかりだったのが、タッチをしていると愛おしさが交差し、親子で心地良い時間と空間が広がりました。

もう一つ大事にしたのは「嫌がることは一旦やめる」ということでした。息子は触覚過敏で「手洗い・歯磨き・お風呂」が大嫌いでした。手洗いはお手拭きとアルコール消毒・歯磨きはガーゼなどで軽く拭き取るだけ・お風呂の代わりに寝てから体拭きシートやタオルで拭くようにしました。髪を切るのも、ものすごく抵抗したので、寝てから頭の下に新聞紙を敷いて切っていました。爆睡しているので、意外にもまったく起きませんでした。

ところがタッチを始めて数か月後には、あんなに嫌がった手洗いをするようになり、お風呂に入ることも大丈夫になりました。それからは嫌がることがありませんでした。私は、安心で満たされると、このようなことが起きることが分かりました。

関係性の認知が確立していない時期に、感覚過敏的に嫌がることを強要していると、関係性が育ちにくいのは、容易に想像がつくかと思います。ですから、嫌がることは一旦止め、母子関係を育てることを優先したほうが、「凸凹児楽ちん子育て」への近道のように思います。

6　お家遊び

家では「タッチ&遊ぶ」「タッチ&寝る」「タッチ&ビデオを観る」といった、子供が喜ぶことをする生活をしました。ここで必要なのは愛情と体力とアイデアなので、最初は大変でした。ですが、自分も楽しみ、子供になったように遊ぶことができるようになると、遊んであげているというよりも関われる喜びのほうが増していきました。ママと呼んでもらいたい一心で「きっと良い方向に行く」という根拠のない希望があり、全力で遊んでいました。

多動の息子は楽しく体を動かす遊びを喜ぶので、家の中でも障害物競走のような、走る遊びをよくしました。

例えば

・廊下と部屋を使いぐるぐると追いかけっこする。
・ハイハイで競争する。
・押し入れからジャンプする。
・おんぶして走る。
・抱き合ったままゴロゴロ転がる。
・ソファーを飛び越え、トンネルをくぐり、走って戻ったらキラキラの紙吹雪をかけてあげる。
・シーツでぐるぐる巻きにして転がす。

というものです。

我が家は運よく、下階に住居がなく騒音を気にする心配がなかったので、毎日ドタバタ走り回ることができました。普通であれば「走ってはダメ、静かに遊びなさい」と教えることと思いますが、意思の疎通がとれず、指示が入らない段階で、そのような躾をしても意味がないのです。まずは指示が入るようにすることが先決でした。

おもちゃを使う遊びは、息子が興味を持つものに付き合いました。最初は私からは遊び方を教えないほうがうまくいきました。

・私が積み木を高く積み、息子が蹴って崩す……。気に入るとそれを何十回も繰り返す。
・おもちゃのコインを百個くらい用意すると、頭からかぶり大喜びする。
・ビー玉を百個くらい用意し、滑り台から転がしてはいろんな角度から見る。
・風船を三十個ほど膨らまし、扇風機で回すと、喜んでその中に入る。
・ウルトラマンや怪獣の人形をボーリングのピンのように並べ、ボールを投げたり、蹴り倒したりして遊ぶ……そんな遊びが好きでした。
・ハサミで切ることにはまった時は、何時間でも切りたいだけ切るものを与え、スライムにはまれば何個でも思う存分触らせていました。一つの遊びを飽きるまで十分やると、興味は次へ移りました。
・ベランダで私がシャボン玉を吹き、両手を広げてその泡を受けるのも好きでした。
・絵具を溶かした色水作りにはまり、夜遅く寒い中でも、息子がやりたがればベランダで絵具を溶かしました。この遊びを最初にやったのがベランダだったので、その記憶が定着し、家の中では嫌がりました。

この時に「暗いから部屋でやろう、遅いから寝ましょう」と言わずに、少し付き合うのです。そうすると癇癪を起こさず、十分ほどで切り上げられるのでした。

・ティッシュを箱からバーっと引っ張りだして遊ぶ、というのも大喜びでするので、ひと箱だけ遊び用に用意しました。ここでも躾よりも関係性の認知力を育てることを優先しました。

・絵本は嫌いで見せると投げるので、読み聞かせはできませんでした。何か視覚的に問題があったのかもしれませんが、後に漫画にはまり、読み聞かせを何百回もしました。息子はゲラゲラ笑いが止まらず、非常に喜びました。漫画はセリフと絵でできているので、非常に分かりやすい視覚支援だったと思います。

・視覚優位の息子は、言葉を習得する仕方が独特でした。耳からだけでなく、視覚的材料があって初めて言葉として理解するという感じです。それには日常の中よりも、テレビなどの平面的な２Ｄの世界のほうが捉えやすいことがありました。

息子は、ビデオやテレビが大好きで、録画して観たものは沢山あります。よく観たものは、「えいごリアン」という英語のキッズ番組です。身振り手振りが大げさで、色彩も鮮やかで分かりやすかったのだと思います。また「アンパンマン」も大好きで、そこから食べ物の名前や言葉を沢山覚えました。そのストーリーと画面から、場面に合う会話を覚え、実際の生活にうまく当て込むという形で会話力の促進に役立ちました。

子育て論の中には、テレビやビデオをあまり見せるのはよくないという意見が多いですが、私は興味を持つものを利用すれば、よい教材になると思っています。

また、ビデオの時間は大事なタッチの時間でした。後ろからしっかりハグをして、寒い時は一緒に毛布でくるまりながら観ました。スリスリ、ベタベタしながら、一緒に楽しいシーンでは目を見合わせて笑い、共感力が育っていったように思います。

私はとにかく家事の手を抜き、遊ぶ時間とタッチをする時間を優先しました。毎日ベタベタ触り、ハグをして触れ合う遊びをしていると、お互いに少しずつ一緒に遊んでいる感覚を得られ、息子からだんだん欲求が出てきたり、私にやって欲しいことを訴えたりするようになりました。私は嬉しくて息子が喜ぶことをしていましたが、「ママはなんでも聞いてくれる人」という感じになって息子がわがままになることはなく、むしろ思いやりの気持ちが育ったように思います。

タッチライフを始めて二週間ほど経つと、息子は「外に遊びに行く」と言わない日が出てきました。多動沈下というか、あきらかにワサワサした感じがなくなって落ち着いていき、自分から甘えるようになり、私にくっついていることが増えてきました。

息子に指示が入るようになってからは、言うことを聞かなくて困るということはほぼありませんでした。そういう意味でも、後々楽ちんなのがタッチライフだと実感しています。

お家遊び

いない いない〜
ガオ〜!!
ニャ〜
ヒャハハハ♪
ブ〜

7　お外遊び

超多動だった息子は、基本的に外遊びが大好きでした。

でも、他の子のおもちゃを勝手に使ったり、順番が待てずに癇癪を起こしたり、砂や水をまき散らしたりしてしまうので、それをダメダメと言わないために、他のお子さんがいる時間帯や、混み合う公園などは避けて行っていました。

ある日の公園で、息子が勝手に他のお子さんの砂場道具を使ってしまいました。すると「あんた、なに勝手に使ってるのよ！」と息子を怒鳴りつけたお母さんがいました。息子は、自分が怒られていることが分からずに後ろを向いていたので、さらにそのお母さんの怒りをかうことになりました。息子が勝手に使ってしまったことに気づかなかった私は謝り、周りの注目を浴びながら息子を抱えて、すぐにその場を立ち去りました。

こういうことを避けるためにも、息子を連れて行く場所や時間帯を選びました。私自身、迷惑をかける息子を見たり、他のお子さんたちが上手に関わり合ったりしながら遊んでいるのを見たりするのが辛く、凹むのを避けたかったこともあります。また他のママさんたちが余裕で立ち話をしているのを見るのが苦痛だったり、息子が目立つことをして「なにこの子？」という驚きのまなざしで見られたりすることも辛いことでした。そういう辛い思いは息子と楽しく遊ぶためのエネルギーを奪うので、避けたかったのです。

誰もいない小さな公園で、一緒に拾ったどんぐりを私が滑り台の上から転がし、息子が下から眺めて喜ぶ、という凸凹感覚満載の遊びを気がねなくしました。

また、走り回る息子のかけ足は早く、追いつけないと危ないので、必死で追いかけて体力的には本当にきつかったことを思い出します。息子は遊具や他のお子さんよりも、ブロンズ像の上に登りたがりました。また看板をジーっと見つめて文字や記号に興味を示したりしたので、部屋には文字のポスターを貼ったりしました。今思い出しても本当に変な親子でしたが、気を使わなくてすむので気楽でした（この「公園ジプシー」は凸凹あるあるですね）。

息子はタッチを始めると、だんだん遊具のある場所にとどまるようになりました。少しずつ吊り橋を渡ったり、アスレチック的な丸太に上ったり、滑り台やブランコなどにトライするようになっていきました。息子は人との距離感がつかめないので、滑り台などに他の子が並んでいると、前にいる子にぴったりくっついてしまい、嫌がられることがしばしばありました。息子にはあまりダメダメと言わないのがタッチライフなので、そんな時には私が間に入ったりしました。近くの公園はとても遊具が充実していたので、よじ登る、滑る、こぐ、回る、飛び降りる、吊り橋を渡る、小山を上る、など運動発達に欠かせない動きが沢山できたと思います。

川原に連れて行くと、息子は何時間も川に小石を投げていました。時には駐車場の砂利にはまってズーっと石を触っていたり、小石を排水溝に落としたり、滑り台を下から上り続けたり……、ちょっと変わっていました。私は少しずつ息子に付き合うことに慣れていき、その変な遊びを観察するのが面白くなっていきました。私たちは雨の日も外に出て水たまりに入ったり、排水溝を流れる雨水を見続けたり、ライトに照らされて光る濡れた道路などをじっと見て楽しんでいました。こんな日はあまり子供がいないので、私は気が楽でした。

ある日の公園で、遠足に来ていた幼稚園児たちの集団に息子が紛れてしまい、見失ったことがありました。慌てて探すと、幼稚園バスに乗っている息子の姿を見つけて、慌てて降ろしたこともありました。このように知らない人たちが四、五人で歩いていると、その一員になったようについて行ってしまうのです。目がつられてしまう感じで、方向転換してでもついて行ってしまいました。

ある時、よく行く広い森林公園に猫が沢山いました。息子は興味を持ち、木々の奥へ追いかけていきました。木々の奥には人が入らないので、踏まれていない落ち葉の道がズーっと続いていて、息子はその落ち葉を踏む時のザクザクという感覚にはまり、目を輝かせながら踏みまくって喜びました。私と夫は、後ろからついて歩けと手を引かれて、その落ち葉をザクザクと踏みしめながら一時間くらい、ひたすら一緒に歩きました。落ち葉ウォークの開幕で、そのシーズンは何度も出かけていきました。息子は本当に楽しそうに歩くので、可愛いかったです。タッチライフを始める前は、人が入らないような所で落ち葉踏みを楽しむなんて、できなかったと思います。私は、危ないことや普通ならやらないことをすれば、それを教えようとしてダメダメと言いっぱなしだったと思います。特別なことではないのですが、私との距離感や理解力、動き方などが変化していくのを見て、息子がやりたいことにただ付き合い一緒に楽しむことが、成長を促すことになるということを、日に日に実感していきました。これで言葉が出るのなら、ママと呼んでくれるなら、と思いながら毎日遊んでいました。体力には限界があり、もちろん動けない日もありましたが……。

タッチライフを始めて一か月もすると、だいぶ意思の疎通を図れていると感じるようになり、息子の感情も豊かになってきました。今迄はニコニコするか、癇癪を起こすか、私に欲求を伝えるのもそばにいる大人の手を借りて欲しいものをとろうとする、クレーン動作が多かったのですが、目を見て笑ったり、抱っこを求めてきたりするようになりました。怒っておもちゃを投げたりする時にも、今迄のような癇癪とは違う感情の出し方に変わってきました。

このようにとても微妙な変化ですが、以前とは様子が違って、私の言うことが耳に入っているような感触があり「息子と近づけた」とあきらかに感じられる瞬間が増えていきました。

8　変化

息子はこの世にしっかり足をつけて、心をここに置いていない感じがありました。発達という視点から見ると、感覚器官や認知に問題があったということなのだと思いますが、ちょっと違う世界にいる子のようでした。私は癇癪や多動に振り回されて大変なのですが、邪気のないファンタジー系という感じでとにかく可愛いと思っていました。

その息子はタッチにより、この世に自分が存在していることを理解する感覚を得たように変化していきました。タッチを続けていくうちに、だんだんこちらの世界の住人になってきた感じでした。

（当時のメモから）

・公園でおもちゃを取られて泣く。私に訴えるのはとても良い現れだ。

以前はおもちゃを取られるとスーッといなくなり、泣いたり怒ったりという反応はありませんでした。すごいと思えたのは、泣きながら私に助けを求めて、訴える仕草があったことです。これは普通ならなんでもないことですが、息子にとっては大きな変化でした。私の存在を認識し、関係性をしっかり理解している、とても嬉しい反応でした。

・転んで泣くようになる。

以前は転んでも泣かずにすぐ立ち上がり、また走っていましたが、私に泣きついて痛いのをアピールするようになりました。大したことがないだろうと思えても「痛いの痛いの飛んでいけ〜」をやって欲しくて、嘘泣きまでできるようになりました。

・手をつないで歩けるようになる。

手をつなげることは、私にとって大きな喜びであり、変化でした。以前は手をつなぐのを嫌がり、すぐに手を振りほどいて走って行ってしまうので、困っていました。触覚過敏の息子には苦痛だったのかもしれませんが、危ないので私が強く手を握ってしまうのです。命を守るには仕方がありませんでした。多動という症状が改善するには一番時間がかかったように思います。スーパーやドラッグストア、ショッピングモールなどでは特に動き回り、何度も迷子になりました。

実家に行った時のこと、スーパーで買い物をしている間に息子を見失いました。店内を探してもいないので、すぐに外に出ましたが、いつもと違う場所なので私も見当がつかず、探し回っている間に時間がどんどん過ぎていきました。私は、口から心臓が飛び出るほどの不安と恐怖で駆けずり回りました。結局私の母が、店から少し離れた踏み切りの前で電車を見ていた息子を見つけてくれました。我が家のそばには踏み切りがなかったので、息子には新鮮だったのでしょう。私は今でも、母が息子の手を引いて歩いて来た光景が目に残っています。その時は安堵で足の力が抜け、今までの疲れが一気に出て、息子を抱いたまましばらく動けませんでした。「本当に運だけでここまで生きている、危ないことがどこまで分かっているのかしら……」キョトンとしている息子を抱きしめながら「生きていてよかった～でも、こんなサバイバルな子育てはもう嫌だ」と弱気になった事件でした。多動児のママさんなら、同じような経験をされていることと思います。私はこんな思いをしてきたので、手をつなげるということは、本当に嬉しいことでした。

・感情表現が増えてくる。

甘えてくる、怒って積み木を蹴る、泣きたいのに泣けない顔をする……のように、以前は見せなかった表情が出てくるようになりました。今までファンタジーの世界で、自分なりに楽しくやっていたけれど、現実というものを認識し始めて、混乱していたようにも思えました。相談員のAさんからは「感情が出てくるのは成長の証」と言われていたので見守っていましたが、息子が苦しそうで、私も辛くなる時がありました。

そんな時は沢山抱っこをして、タッチをしました。私に体を預けて落ち着いていくと、表情が穏やかになっていき、私もともに安心することができました。他にもこんな変化が現れてきました。

・待っていられるようになる。
・外に出たいと言わない日が増える。
・お家遊びのやり方が、おとなしくなってくる。
・おもちゃを取られると、取り返す。
・顔や体のある絵を描く。
・真似て遊べるようになる。
・セリフを真似て言うようになる。
・絵本を見るようになる。
・自分で着替えようとする。
・自分で歯磨きをする。

タッチを始めて二か月半くらい経つと、なんとなく指示が入るようになってきました。行動の切り替えができるようになり、癇癪が減り、待てるようになりました。私の言葉や気持ちも息子に響いている手ごたえを感じ始め、息子との時間が楽しくなっていきました。

公園で私がトイレに入る間待っていられるようになったり、声をかけられてから家に帰ろうとする迄の時間が減ったりしてきました。家の中では、遊びからご飯への切り替え、お風呂に入る時や寝る前の抵抗が減る、などスムーズになっていきました。

「○○しようね～」「ちょっと待っててね～」などの聞き分けがよくなってきたのです。

（指示が入るって、なんて楽なんだろう！）と心の底から思え（他の子たちは、こんなに楽なんだ！）とも思いました。

タッチの効果として、一番大きく私を楽にしてくれたのは、私の「言葉が入る」ようになったことかもしれません。「言葉が入る」とは、決して支配的にコントロールするのではなく、こちらの思っていることが伝わる、分かってくれるということです。

ある日私がトイレから出ると、五メートルくらい離れた所から息子が「ママ！」と私をはっきり呼びました。びっくりして息子を見ると、彼は私をしっかり見て、ものすごく嬉しそうに笑っていました。（やったよ。言えたよ。やっと思うように声が出たよ）というような顔に見えました。私は駆け寄って「ママって呼んだよね！　言えたね！　やったー」とぎゅうぎゅう息子を抱きしめました。私は嬉しくて、泣いていましたが、息子はケラケラ笑っていました。この時の光景は、今でもよく覚えています。それからの息子は「ママ！　ママ！」と呼ぶようになり、私の姿が見えないと探し、まるで赤ちゃんの後追いのように、トイレの中までついてくるようになりました。

この頃から言葉はだんだん増え、会話につながっていきました。何か脳の神経がつながったような感じで、息子が楽になったように見えました。「おいしいね～」「きれいだね～」「見て、見て、すごい」「助けて～はやく～」などの言葉は、テレビのセリフから覚えることが多かったのですが、場面は合っていて、うまく当て込んでいる感じでした。呼んだら返事ができるようになったので、かくれんぼができるようになり、お家でかくれんぼをよくやりました。

私と息子にとって、タッチライフによる様々な変化や安定・意欲・成長を実感できた、大事な大事な三か月でした。そんなこんなで、私たちは親子になるのに三年九か月かかりました。

息子は今でも、説明などは得意ではありません。でも会話ができて気持ちを伝えられるようになり、本当にお互い楽になりました。今でも私たちにとって、話せることは当たり前ではなく、ありがたいことです。

タッチや私のしてきたことは「成長と関係がない、たまたまでしょう」というご意見もあるかもしれません。もちろん、どんな発達凸凹児にも必ず合う方法とは言いません。でも私は、他のお子さんにも役立つことがあるのではないかと思い、その理論が知りたくて、十年近く「脳・皮膚・神経との関連性」や「体のこと、発達凸凹との関係性」を勉強してきました。そしてやはり、この事例は多くの方に知っていただきたいことである、という思いにいたりました。

次の章からは、発達を促進させる方法「タッチライフ」としてまとめましたので、ぜひ取り入れてみてください。

第2章　タッチライフの役割

1　困った言動への対処より発達の促進に力を入れ、伸びやすい体をつくる

私は相談の場で「対処に追われていませんか？」とママさんたちにうかがうことがあります。発達障害に関する情報には「こんな時はこうする」といった困った言動に対する対処法が多いように思います。ママさんたちからは「情報が多すぎて何が良いのか分かりません」ということもよく聞きます。「癇癪やこだわりなどには、どう対処すれば良いのだろうか？」と思ったら、ネットで検索すれば情報は沢山あり、色々見つかります。私も最初は情報を集めることに必死でした。でも、どんなに対処法を読み集めても、息子にうまく使えなかったり、通用しなかったりしました。それは、一人ひとり違う癇癪に対してどう対応するのが良いのか、その時の状況や発達段階で違う場合が多いからです。十人十色の発達凸凹ならではの難しさですよね。子供に合う対応を知るには、なぜ癇癪を起こすのかを知るほうが、イタチごっこにならないのではないかと思います。

今だから思うのですが、結局は発達そのものや発達凸凹について知ることのほうが、子供との関係を育てることに役立つと思います。なぜかというと、私自身が子供の癇癪や多動などに振り回され、疲れと不安で絶望的になっていた頃にタッチを取り入れ、困り感が減ったことが大きいです。また、発達凸凹に対する専門的な知識を知るほどに、息子の言動の意味が分かり、イライラしなくなり適切な対応をとれるようになり、関係性がグンと良くなりました。それからは息子の困り感が減り、落ち着いていき、

日常が楽になりました。こうやって親子で平穏な時間を獲得する重要性に気づいたことが大きかったと思います。

発達凸凹児には「痼癪・多動・不安・恐怖・こだわり・反復行動・感覚過敏・集団が苦手・不登校・切り替えの悪さ・言葉の遅れ・自傷・他害・対人トラブル・管理力記憶・心の理解・状況の理解・立場の理解・学習困難……」などがあり、困り感は多岐にわたります。おそらくママたちは、最初にその対処に追われて疲弊していくことでしょう。もちろんその場の適切な対処も必要ですが、それにばかりエネルギーを使ってしまうだけでは発達を促進できません。

タッチライフは「困った言動への対処」よりも「子供の困り感そのものを減らし、発達を促す」ことを目的としています。

タッチライフは、その言動への対処にフォーカスするのではなく、「発達しやすい体」にしてあげることを優先します。その方が、困り感そのものを減らすことにつながり、対処と疲弊の悪循環から早く卒業できるからです。

言語発達が遅い発達凸凹特性の子に、どんなに多くの言葉かけをしても、体（咽頭の筋肉）や脳神経の成長を直接的に促すことはできません。「何度言っても分からない」という言葉をよく聞きますが、言葉が入っていかないならば、入っていくような状態にしてあげなくてはいけないからです。

体や脳・筋肉や神経の発達に働きかけ「困り感」に寄り添うことで、表面的な症状に振り回されない育て方ができると思います。そのほうが親子とも楽であり、成長の近道のように思います。

2 「ママだけは分かってくれる」という、絶対的安心感を育てる

タッチライフで一番大事にしていることは、「子供とママの関係を育てる」ことです。

周囲の人には分かってもらえないことでも「ママだけはどのくらい頑張っているのか分かってくれている」「ママだけはこの怖さを分かってくれる」「ママだけはどうしてできないのか分かってくれる」という安心感がとても大事です。この安心感・信頼感が社会性へとつながっていき、発達凸凹児

対処より、促進に力をいれよう！

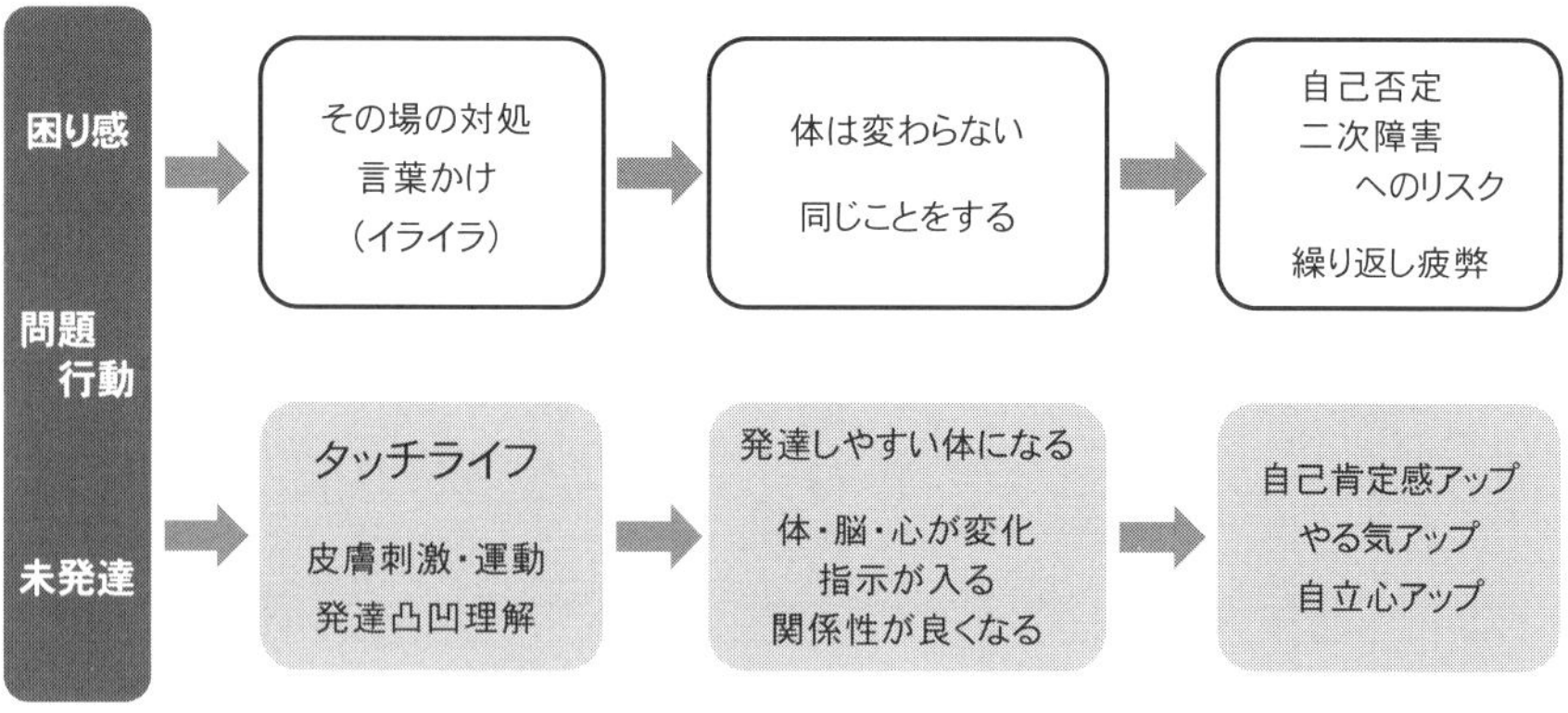

の今と将来を支えていきます。

将来を、と書いたのは大人の当事者の方たちと話していると、「母の理解があるから頑張れている」とおっしゃる方が多いのです。

発達凸凹児は、不安が根底にあるお子さんがとても多いです。少しの刺激でも怖いと感じてしまっていることがあり、不安や、緊張を強く発生させることが多いように思います。

例えば

・サイレンやラジオ体操の音、赤ちゃんの泣き声、雷など特定の音が怖い。
・風、光、影、大きな樹、動物、虫などが怖いと感じる。
・初めての場所、暗い場所、人混みなど、その場の雰囲気や空気感が怖い。
・初めての経験、未知の世界との遭遇、見通しが立たない怖さを感じる。
・失敗しないか、負けはしないか、一人になってしまわないか、など未来に対する予期不安が強い。
・自分のボディー感覚がつかめていなくて、遊具や高い場所などをとても怖いと感じる。
・お友達が怒られているのを見て、自分のことのように怖くなる。
・事件やニュースなどを見て、すぐに自分にも同じことが起きると思い怖くなる。
・少し注意されただけでも、自分を全否定されたように感じる。

このような怖がりタイプの発達凸凹児は、幼稚園でママと離れるたびに泣き叫んだりする子が多いかもしれません。不安や恐怖が根底にあり、癇癪を起こしたり、こだわりで落ち着こうとしたり、テンションが上がり過ぎたりという症状となることもあります。また、その瞬間や切り替わる時だけが怖く、あとはケロリとしている場合もあります。

「この子は、大人が想像のつかないようなことを、怖いと感じていることもあるかもしれない」と、少し意識して観察してあげて欲しいのです。この怖さを消していくにはタッチが有効なのですが、ママがこのことを分かっていることが大事です。ママは安心の基地であって欲しいのに、そのママが不安のスイッチを入れてしまうのは、子供にとって最悪の事態です。

例えば、「片づけないなら、おもちゃ捨てちゃうよ！」「言うこと聞かないなら、置いていくよ！」「それだったら食べなくていい！」などと脅してはいけません。これにより、恐怖が増しますし、関係性も育ちにくくなってしまいます。このタイプのお子さんには、脅しは禁物です。せっかく今迄にタッチをして貯めた安心貯金も減ってしまいます。

ママが不安に気づいてあげる、何に反応しているのかをよく観察して分かってあげることで、子供は落ち着いていきます。ママの共感から子供は、「ママは分かってくれる」と安心し勇気が出てきて「自分からやってみよう」となることも多いのです。「ママだけは自分の怖さを分かってくれる」と実感させることが、不安・恐怖・緊張を軽減させます。

タッチライフが何より良いのは、子供とママの関係性が確立することです。言い換えれば、ママの言うことが伝わりやすくなり、聞き分けがよくなります。このようにママとの安心な関わりから、他の人との「関係性」を形成することが可能になります。それは、学校などの集団生活や大人になってからの社会生活で、必要な社会性を獲得していくことにつながっていきます。

私は集団生活、社会生活に突入していく上で、この「関係性の形成力」がすべてにつながっていくと思っており、だからこそタッチで恐怖をとっておくことが重要だと思っています。

発達凸凹児は、自らこのことを理解し、獲得する力が弱い場合が多いので、ママとの時間を丁寧に楽しく過ごし、絶対的信頼感を育てることがとても大切です。そしてそのことが、やる気や自己肯定感にもつながり、結果的に二次障害へのリスクを減らすことになります。発達凸凹児は、十人十色ですので効果の出方は様々ですが、タッチライフを取り入れると、体・脳・心の発達を促進することは間違いありませんので、ぜひトライしていただけると嬉しいです。

3　タッチライフとは

タッチライフとは「知・体・関」を生活に取り入れながら、穏やかな親子関係で発達を促進させるメソッドです。

知：発達凸凹の脳や症状について知ることにより、寄り添うことができる

体：体に触れる、体を使う遊びを沢山することにより、発達の土台を強化することができる

関：一人ひとりの特性に合わせた関わり方で、支えていく

タッチライフは触覚を中心とした体からのアプローチで発達の土台を強化し、困り感を減らして楽しく穏やかに発達凸凹児を育てる方法です。

タッチライフでは、１で述べたように対処よりも促進が基本であり、２で述べたように絶対的安心感を与えることをとても重要だと考えています。

発達支援タッチライフとは

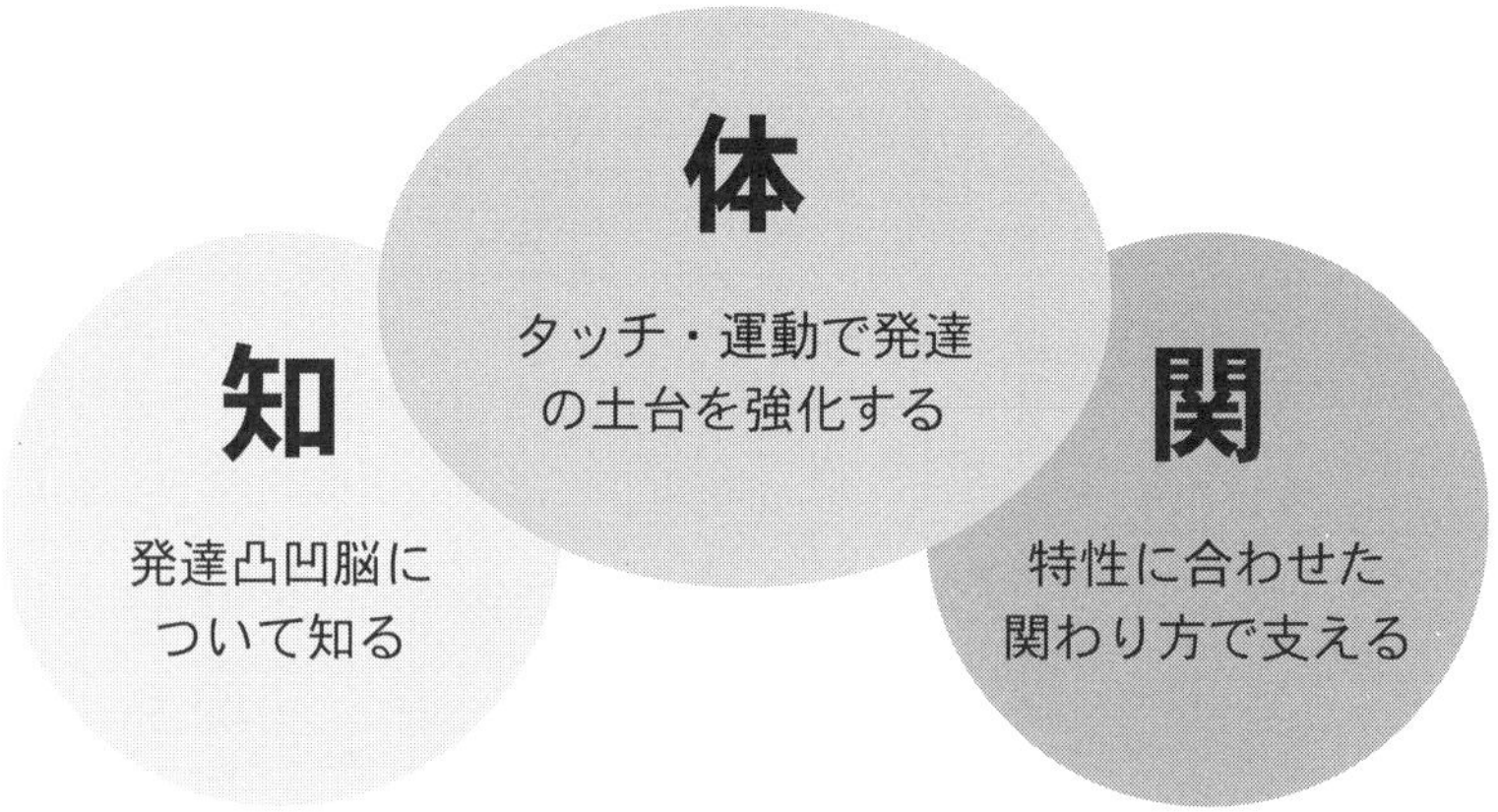
体
タッチ・運動で発達の土台を強化する
知
発達凸凹脳について知る
関
特性に合わせた関わり方で支える

木のイラストを見ていただくと分かるように、木を育てるには、まず栄養たっぷりの水が必要です。タッチライフはそのための水であり、水を吸い取りやすい健康な根っこを作ることです。

皆さんは、根っこを育てる前に、葉である言語や自己肯定感を育てよう、伸ばそうと、言葉でなんとかしようとしていませんか？

まずは育ちの根っこである感覚・神経を育て、丈夫な幹である体をつくることが優先なのです。そこから枝はぐんぐん伸び、葉っぱも健康に色づきます。発達凸凹児はもともと根っこが細かったり、水を吸いにくかったり、太陽の光がきつすぎて受け入れづらい場合があります。枝が伸びにくい、葉っぱがつきにくい……それを癇癪やこだわりなどの困り感と考えてみてください。これは表面的なことにすぎません。木を育てるにはまずは根っこを育て、水を吸

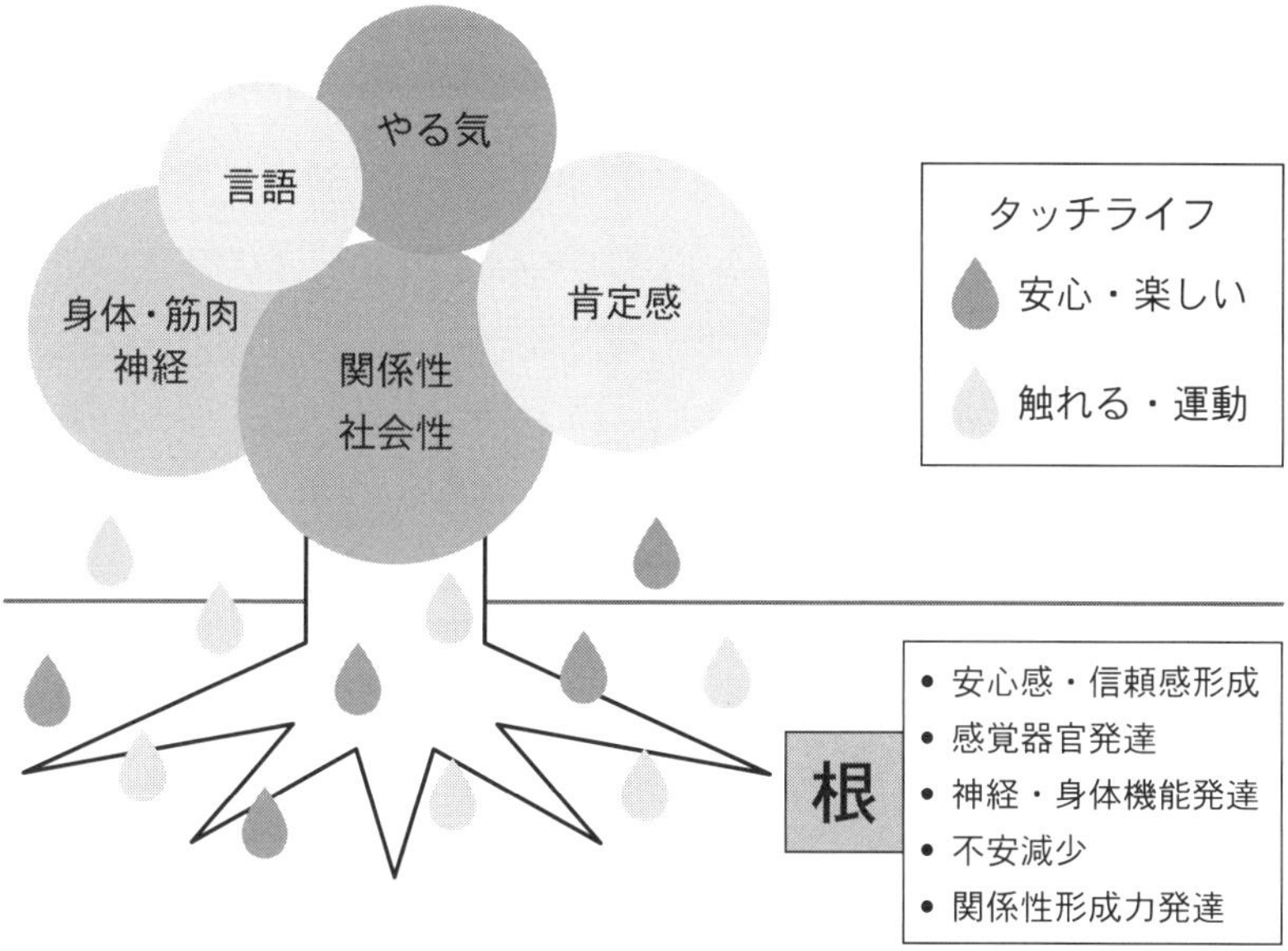

いやすく、伸びやすくしてあげることが大事なのと同じように、子供も大事な根っこが育つことで困り感は減り、促進力がつきます。

つまり「楽しく遊び」「体を動かし」「心地良く触れる」ことが発達を促進するのに効果的なのです。

第3章

タッチライフと
その効果

1　安心で満たすことが最優先

発達凸凹児の問題行動の根底には（見た目でビクビクしていたり、怖がったりしていなくても）不安や恐怖がある場合が多いです。その原因には「脳内の神経伝達物質分泌バランス」や「原始反射の残存」などの影響があると考えられます。

不快・不安・緊張は、混乱や防衛につながり、体まで変化を起こします。私はタッチを始めた時「とにかく安心感で満たすこと」を最優先にしていました。

ママには「どうしてそんなことが怖いの？」と理解できないようなことにも怖がったり、緊張が強くなったりしているお子さんがいます。視覚や聴覚の問題からくる怖さ、感覚の過敏からの不安などから、癇癪やこだわりとして表れることも多々あります。例えば

・思い通りにならないことが、恐怖である。
・いつも通りでないと、不安が強くなる。
・先の見えないことが、恐怖である。
・負けることが、耐えられない。
・できない自分が、耐えられない。

・一人が怖い。
・暗いのがとても怖い。
・お化けが本気で怖い。
・分からないものは怖い。
・痛みが怖い。
・人が怖い。
・大きな音や強風、強い光などの刺激となるものが怖い。
・不安や緊張から、テンションが高くなりすぎてしまう。

などのように「子供は様々な不安や怖さを、普通の人より強く感じている場合がある」という見立てが必要です。ですので、安心感で満たされることは、発達凸凹児にとって非常に大切です。

私が「ママだからできる」と言っているのは、ママこそが「抱っこされた時に一番安心し、満たされる」存在だからです。子供が安心で満たされていくと、不安や恐怖が軽減されるので「癇癪・こだわり・反復行動・暴言・攻撃性」などの困り感が減少していきます。

タッチによる皮膚からのアプローチで、脳の状態が変わり、心（情緒）や言動が安定していきます。

あなたも不安な時、抱きしめてもらったり背中をさすってもらったりすると、安心して、気持ちが楽になりませんか？

タッチをすると、脳内でオキシトシンというホルモン（別名「安心ホルモン」）が分泌されることが分かっています。オキシトシンの働きについて、オキシトシンの世界的権威の一人であるシャスティン・ウヴネース・モベリ（スウェーデンの生理学者）は、「あきらかな不安軽減効果がある」「ソーシャルメモリー（他者との関わりについての記憶）が増強する」と言っています。もともと発達凸凹児はオキシトシンの分泌力が弱いという場合もあり、オキシトシンの分泌が促されることにより不安が減り、ママとの関係や絆が形成されやすくなる、ということです。

これは社会性を育てる第一歩でもあり、今後の対人関係にも影響していきます。触覚への刺激を重視していくことが発達凸凹児には大変重要であると考えます。

2 信頼関係の形成力を上げる

信頼関係・母子関係などと聞くと、ママさんたちは「私の愛情が足りていないの？」と思ってしまう方が多いのですが、この思考パターンをまず白紙にしましょう。

発達凸凹児の場合、全体を見て情報をつかむ力が弱いことが多いです。どちらかというとフォーカスがピンポイントになりやすく、幼いほど自分の興味のあるものだけに目が向きがちです。健常のお子さんたちは、いつの間にか教えてないことを覚えていたり理解したりすることが沢山ありますが、発達凸凹児は自分からつかみ取る力が弱く、興味の範囲が狭いといえます。人との「関係性認知」「愛着形成力」も同じことがいえます。

人との関係性は、最初に「自分とママ」から始まり、育ちます。それには、子供がママの愛情を認知し、受け取れているかどうかが重要ですが、そもそもその力が弱い場合があります。

例えば、赤ちゃんの頃に人見知りをしなかったり、人懐っこく誰にでも声をかけたりする姿は可愛いのですが、これは関係性を認知できていないということになります。

この認知力を育てるには、触覚刺激が有効です。

皮膚は、自分と外界との境界線であり、自己認知機能の大きな器官です。なので、触覚を通じて育てることが重要です。

まずママとの関係性を形成する力を、タッチで育てましょう。

タッチを通して、幼児期に「ママの言うことを聞けるようになる」「指示が通りやすくなる」というような意思の疎通ができるようになると、学童期や思春期になってからのお友達との関わりで活きてきます。そして先生や周囲の大人、就労先での良好な人間関係をつくっていく上でも大切なことです。

私の所に不登校で相談に来られるママさんのお話をうかがうと、この二つを育てることを飛ばして大きくなってしまったと思われる場合がありますが、タッチでここを取り戻していただくと、変化がある場合が多いです。ＡＤＨＤの二次障害ともいわれる反抗挑戦性障害などで、ママが声をかけるだけで反抗的、暴力的態度になってしまったお子さんなども、タッチライフを始めていただくとお子さんが穏やかになり、関係性が修復するケースがあります。

3　やる気を育てる

私もそうですが、発達凸凹児の親御さんは、なんとかできることを増やしてやりたいという思いがあるでしょう。

「馬を水辺に連れて行くことはできても、水を飲ませることはできない」ということわざがあります。このことわざのように、自分でやる気になれなければ、滑り台が怖い子はそこに連れて行っても滑りませんし、顔に水がつくのを怖がる子は、プールで水に顔をつける勇気も出ないでしょう。

発達凸凹児は、ただでさえ不安が強くて何かが怖かったり、緊張が強かったりします。また体の動きが悪くて不器用な場合、やりたくてもできないことが多いのです。子供はできない自分を責めたり、ママがそんな自分を見てがっかりしていると思ったりして、傷ついているかもしれません。いくら療育の場や教室に連れて行っても、お子さんがやる気にならなければ楽しくできないし、その状態で伸びることは考えにくいです。

興味とやる気は、不安を軽減してあげれば出てきます。何をするにも、何を伸ばすにも、子供自身の興味とやる気があれば前に進んでいきます。やる気は勇気になり、行動になり、できることや伸びることにつながります。

タッチで、体から「安心で満たし」「信頼関係の形成力を上げる」と、やる気が育ちます。子供が絶対的安心感と絶対的信頼感を持つようになると、自分から挑戦する子になります。

このようにタッチライフを進めていくとやる気が育ち、今まで怖くて嫌がっていたことを急にやりだしたり、自分からやってみようとしたりすることがよくあります。そしてそれは結果的に達成感を生み、自信につながり、自己肯定感につながっていきます。

4　タッチによる身体的効果

心地良い皮膚刺激は、
・オキシトシンというホルモンを分泌させる。
オキシトシンは成長を促進し、社会性を育てる働きがあり、安心感、コミュニケーション力の増加、痛みの軽減、鎮静、循環の向上が得られ、成長ホルモンの分泌や体が栄養分を蓄える能力に影響を与える。オキシトシンは相互作用なので、親子ともに効果があり、関係性の確立に役立つ。

・セロトニン、ドーパミンなど脳神経伝達物質の分泌活性化とバランスを整える。神経伝達物質の働きにより、脳機能の活性、自律神経への働きかけ、抑制機能の向上などが起きる。

・迷走神経の活発化で、発語が促されたり、各臓器を活性化し発達させる。

・自律神経のバランスが安定するので、睡眠や排尿排便、疲労感などの改善につながる。

・血液の循環を良くし、適度な筋緊張を促す。

・ストレスホルモンであるコルチゾールが低下する。

・リンパ液活性で免疫力がアップする。

このように皮膚を心地良く刺激するだけで、体、脳、心には様々な変化が起こります。タッチを行うと、子供に心地良い皮膚刺激が与えられ、不安やストレスを取り除き、脳を活性化し、体と心を発達させます。

タッチで育つしくみ

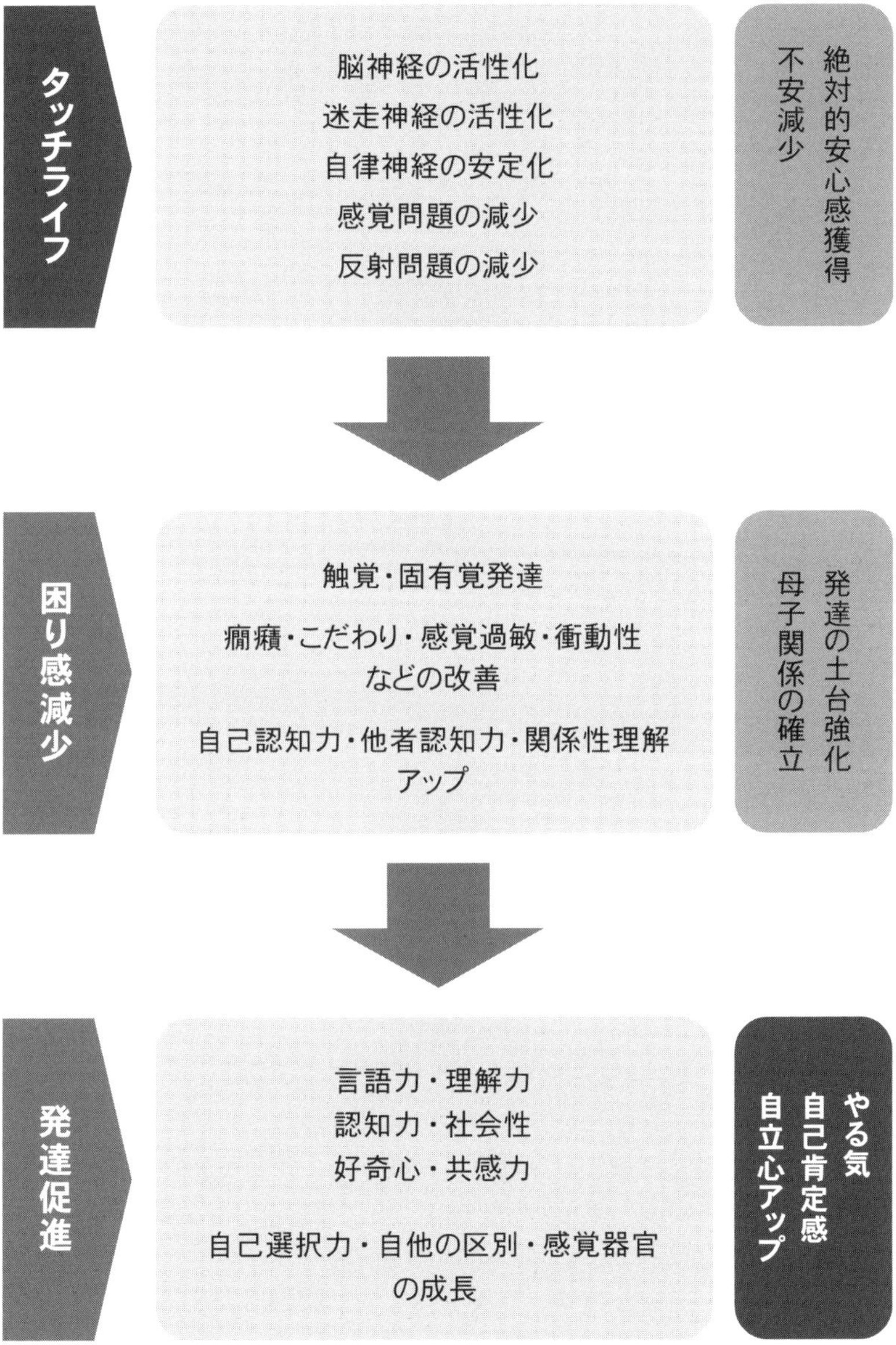
タッチライフ
脳神経の活性化
迷走神経の活性化
自律神経の安定化
感覚問題の減少
反射問題の減少
絶対的安心感獲得
不安減少
困り感減少
触覚・固有覚発達
癇癪・こだわり・感覚過敏・衝動性
などの改善
自己認知力・他者認知力・関係性理解
アップ
発達の土台強化
母子関係の確立
発達促進
言語力・理解力
認知力・社会性
好奇心・共感力
自己選択力・自他の区別・感覚器官
の成長
やる気
自己肯定感
自立心アップ

5　タッチライフの効果

私のカウンセリングや講座を受けて、タッチライフを取り入れたママさんから、こんなご報告をいただいています。

- 意思の疎通がとれるようになった。
- 今まで嫌がっていたことを、自分からをやるようになった。
- 笑顔が増えた。
- 落ち着いて座っているようになった。
- おねしょ、頻尿、便秘が改善した。
- 学校への行き渋りが、なくなった。
- 我慢ができるようになった。
- 癇癪、パニックが減った。
- 着替えやトイレを、自分から進んでするようになった。
- 気持ちを話すようになった。
- 切り替えが早くなった。

・行事へ参加できるようになった。
・怖がっていた遊具に自分から挑戦し、できるようになった。
・こだわりが減った。
・言葉が増え、欲求を言うようになった。
・言葉が出てきて、会話ができるようになった。
・指示が入りやすくなった。
・自転車に乗れるようになった。
・宿題を、やるようになった。
・衝動的に手が出なくなった。
・睡眠が、安定してきた。
・食べなかったものを、食べるようになった。
・手をつなげるようになった。
・とても落ち着いて、穏やかになった。
・発表など絶対できなかったのが、やるようになった。
・場面緘黙《かんもく》があるが、少し話すようになった。
・不安や怖がりが減り、安定してきた。

・暴言が減り学校や家で暴れなくなった。
・待てるようになった。
・目を合わせるようになった。
・幼稚園に、行けるようになった。
・ママのイライラが減り、怒らなくなった。
・ママが、子供に寄り添えるようになった。
・ママが情報に振り回されなくなり、気持ちが安定した。
・ママができることが増えて、育児に対して前向きになった。
・ママが子供を、より愛おしいと思うようになった。
・ママと子供の関係性が、良くなった。

このようにタッチを行っていくと、子供の困り感・感覚の問題・認知の問題・身体的問題などに変化が起こり、自己肯定感や、やる気がアップすることが多いのです。

そして、ママ自身にも心の安定や穏やかさが戻り、発達凸凹児を育てていく意欲や自信が出てきます。カウンセリングや講座を受けていただいた方の感想には「何からやればいいのか分かったので、やる気が出てきました。希望が見えました」と書いてくださることが多いです。これは私も同じでした。積極的にできることがあるとやる気が出ますね。

タッチライフの三本柱は「タッチ・運動・関わり方」の三つです。これについては次の章で詳しく書いていきますので、できるところからやってみていただけると嬉しいです。

ママが接する時間をどんどん楽しい時間に変え、問題行動への対処に追われていたエネルギーを、発達促進に注いでいただけたらと思います。

6　相談者さまのご感想

【Kさんから】

おーこ様

ちょうど一年前にスカイプカウンセリングを受けました。カウンセリングでお伝えしましたが、一昨年はどん底の生活で、息子と必死で接しながらいろいろネットで調べて行くうちにおーこさんの、ブログに辿り着きました。

それまでは教科書的な物や、マニュアル本みたいなものばかり読んでいましたが、タッチにとても興味を持ち、カウンセリングを受ける決心をしました。

タッチはとってもシンプルで、当たり前のような事かもしれませんが、私自身、息子の症状に振り回され続けていっぱいいっぱいになり、子供に触れてお互いが安心するという基本的な事が、子供が大きくなるにつれて減っていたように思います。特に、パニックを起こしたり、こだわりに振り回されたりしてヘトヘトになっている時なんかは「お願いだからちょっと一人にして、お母さんを少し解放して……」と心で思っていました。

おーこさんのカウンセリングで、息子の脳の状態、恐怖麻痺反射という言葉も初めて聞きました。少しそこが理解出来るようになって、カウンセリングのその日からとにかく息子に触り続けました。一緒にテレビを見ながら背中をさする。調子の悪い時はもちろん、良い時もとにかく触り続けました。

おーこさんに、息子はかなり不安が強いから三か月はとにかく頑張ってと言って頂き、タッチし続けていると段々と落ち着いて来ました。息子は自閉がかなり強いので、まだまだ人の気持ちや誰かの為に自分が何かする……という、人としてとっても大切な事がなかなか身につきません。でもあんなに強かった不安、私から片時も離れられないくらい強かった不安が徐々に和らいでいっています。

一昨年は毎日付き添い登校し、授業中もずっと息子の席の隣に椅子を置いて見守っていました。そうしないと学校に行けなかったのです。でも二年生になり、普通学級から育成学級へ移り、少しずつ学校への不安も減って、去年の秋くらいから一人で、教室で過ごせるようになりました。年が明けて今年からはまだ数日ですが送り迎えだけで学校へ行っています。

タッチを始めて約一年、本当に落ち着いて来ました。そして何より、息子は人から触られるのが苦手で、私が触るのも以前はちょっと抵抗する時があったくらいですが、今は、自分の調子が悪かったり、パニックを起こしそうになったりすると、自分から「背中さすって」と言ってきます。寝る時も私が背中をさするのをじーっと待っています。そして、オネショもなくなりました。

「ゆっくり背中をさする」シンプルで当たり前の事なのですが、これ程大切な事はないとシミジミ感じた一年でした。

そして私自身の気持ちもとても変化がありました。タッチをする事で、今まで何の余裕もなかった気持ちから、単純に息子に対する「可愛いなあ……」という、息子を産んだ時の素直な気持ちがどんどん蘇って来たと思います。それまでも可愛くなかった訳では決してありませんが、余裕がなかったのです。

まだまだ課題はありますが、これからもタッチしながら息子の気持ちに寄り添えるように頑張ります。毎日ブログとメルマガは拝見しており、その都度参考にさせて頂いています。

【Cさんから】

おーこさん

以前、講座や電話相談でお世話になったCです。

あの頃私は精神的に追い詰められていて、毎日死にたいと思っていました。学校に娘を送り迎えしているのですが、学校の時間になると体調不良になり……そして、担任の先生に会えば　娘の出来ないことや悪かったことばかり言われて落ち込み、これまた悪循環。何もかも上手くいかず。学校の先生とも何度も話し合い、特別支援学校の先生に巡回に来てもらったりしました。

そうこうしていて十一月中旬頃からでしょうか。娘が登校する際、泣かなくなったのは。それからは、少しずつ落ち着いて学校で過ごせるようになり冬休みを境目に娘がどんどん変わっていきました。

心の安定とやる気。外見からだけではなく、内面的に心の落ち着きが見られるようになり、それが安定的に続くようになりました。母子分離不安だった娘。学校でも泣かずに落ち着いて過ごせるようになり。先生の指示も受け入れ、最後までやりきろうという頑張る気持ちが出てきました。これが、三学期。そして、四月からも変わることなく、毎日頑張って学校に通っています。タッチライフの成果ですね。嬉しいです。

娘が疲れた顔をしているときは、私の膝に対面で座らせ。背中をさすってやると、じきに笑顔になります。「元気になった」と自分から去って行きます（笑）これがチャージの力か……安心タンクが満タンになったのですね。

毎日穏やかに過ごせることが何よりも大切で、そう暮らせている今に感謝しながら、娘のペースでゆっくり急がず焦らず暮らしていきたいと思います。

今まで色々な本を読み色々な人に相談したり、話しを聞いたりしてきましたが、自分の中で納得し「これだ！」と思ったのも私の心に届く言葉をくれたのもおーこさんが初めてでした。


【Ｉさんから】


大変ご無沙汰しております。

お電話で相談させていただき、その変化をご報告させていただいたのは、四年生の時でした。現在六年生。あれからずっと不登校でしたが、なんと、この二学期から、学校に復活しました！

今のところ週に三日ですが、朝から私の付き添い無しで、登校班で登校し、六時間目までしっかり受けて帰って来ます。久々すぎて、何でも新鮮に感じるらしく、楽しかった〜！と色々な出来事を笑顔で話してくれるので、一か月たってみて、私もやっと本当に行けているのだなという実感がわいてきました。

ながーいお休みを経て、娘の学校に行きたい気持ちが徐々に高まって行くのを感じて、あ〜、間違ってなかったな私、とほっとする一方で、ものすごい恐怖感も覚えました。三年生で、登校を渋りながらも、でも何がなんでも絶対に行く！　というところにこだわって苦しんで、荒れる娘に寄り添った日々は、わたしにとって想像以上にトラウマになっていたようで、今再び学校に行く、という現実に直面した時、またあの日々が……と、ものすごい恐怖に襲われたのでした。登校に向けて娘と話をするなかで、私の感じた恐怖感についても話をしました。娘の不安恐怖が強かったことから、生活に沢山の支障が出ていた頃ではとても話せませんでしたが、今は話せる段階にあると判断したので。それに、話す必要があると思いました。

娘は不安定だったころ、自分を爆発させることで精神のバランスを取っていて（むしろ、爆発したいんだからさせてよ、自由でしょ。という感覚）、ママは全部受け止めてくれて当たり前の存在という感覚でした。相手の立場に立ってみる、気持ちを考えてみるということが自発的には難しいので、私が抱いた恐怖感を知って、えっ、そんなに？！　と、とても驚いていました。本当に意外だったようで、まるで、自分以外の人の「気持ち」が存在することに、初めて気付いてその時初めて実感できたかのような反応でした。

以前のように酷く私に当たることはもうなくなっていたのですが、ちょっとしたことが上手くいかなかった時などでも、軽く当たってくるのが当たり前だった中で、私の恐怖感を知ったその時以来、私に当たること無しに、自分だけで気持ちを処理してくれるようになりました。今、やっとそうできるまでに成長したんですね。

タッチライフでしっかり土台づくりができたおかげです。きちんと話をして、それに伴う娘の変化も目の当たりにして、私の恐怖感も段々薄れて行きました。言葉に出して話すということはとても大事ですね。今、実際に学校生活に戻ってみて、あの頃のような苦しい出来事は起きていないことを体感して、あれは過去のことだったとやっと安堵しています。不安恐怖の二次障害的な部分があれだけ酷かったのに、入院も向精神薬も無しで元の無邪気な娘に戻りました。もっともっと長い時間がかかると思っていました。

学校の相談員の先生も、六年生のこの時期に復活できたのは凄いこと。お母さんの力、深い愛情、優しさの賜物。本当によく頑張りましたね～お母さん！　と、何度も労って下さいました。

学校に行き始めても、必要な持ち物を揃えたり、アレルギーのお弁当を作ったり、睡眠時間を気にしたり、学校生活のあれこれを心配したり、自分の体調が悪かったり……忙しさに追われて、私頑張ったんだな～という充実感とか、娘が復活できた喜びとか、噛み締める余裕もなく気分が重かったのですが、ここまで頑張った自分を褒めてあげなきゃと思えました。

実は今日、なんと、修学旅行に行っています。復活してたった一か月で、これは凄い大冒険です。最初は参加しないつもりでしたが、行きたい気持ちが強くなり、数日前に参加を決めたので、こちらはあたふたしました。

トイレもお風呂も寝るのも怖くてひとりじゃできなかったのに、バスにも乗れなかったのに、自分から行きたくなって修学旅行に行けるとは、タッチのおかげです。

タッチはすべての基本だと思います。タッチで築く母と凸凹児の信頼関係。この土台無しにはどの方向にも進めないと思いました。うちは、食べ物の調整や栄養療法、漢方など、それぞれの時期に出会いがあって取り入れてきましたが、信頼関係が築けていなかったらそれらを取り入れることも難しかったと思います。

本当にタッチライフに、感謝！　タッチライフを広めて下さるおーこさんに感謝です！

これからもいろいろなことがあるとは思いますが、この信頼関係があれば、なんか大丈夫って思えます。色々とおーこさんにお伝えしたくて長くなってしまいました。これからも宜しくお願い致します。

Kさん、Cさん、Iさん、皆さん多くの方へタッチライフの良さを伝えたいと掲載のご快諾をいただきました。ありがとうございました。

お子さんの特性、生きづらさ、環境、状況はそれぞれ皆さん違います。一つひとつの対応やできることも違ってきます。でも何をどう乗り切るにも、発達凸凹生活には「安心チャージ」が支えとなるように思います。

第4章

タッチライフで発達の土台を強化し育ちやすい体にしよう！

発達凸凹児を育てる上で「これだけは知っておきたい！」ということが二つあります。ご存知の方もおられると思いますが、ご確認ください。

1　発達は段階的である

私は息子の発達に問題がなければ、発達について学ぼうという考えすらなかったように思います。育児書があればなんとかなると思っていました。でも育児書片手に息子を育てていて、育児書通りでないことが殆どで、スタンダードな育児法では限界がくることを感じていました。そして、私は子供を産んだけれども、発達について何も知らないことに気づき、学び始めました。

人の発達は図のように下から段階的に積み上がっていきます。中枢神経（脳）を持って生まれ、最初に発達する器官が、「触覚、固有覚、前庭覚」となります。発達凸凹児は、この三つの感覚器官に未発達や何らかの凸凹が見られることが多いです。それぞれどんなことに関連があるのかを知った上で、タッチライフを取り入れていただけたらと思います。

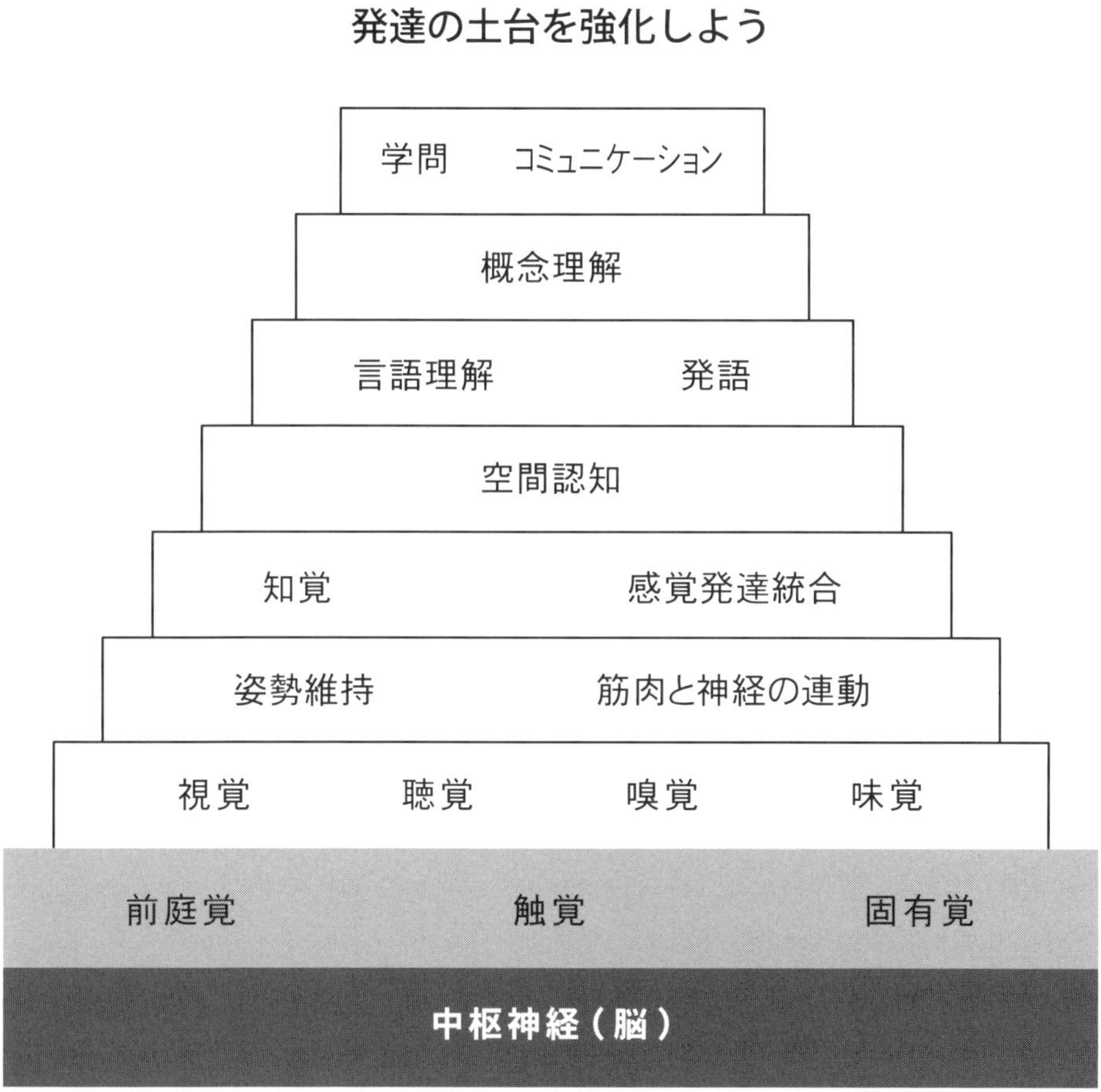
発達の土台を強化しよう
学問　コミュニケーション
概念理解
言語理解　発語
空間認知
知覚　感覚発達統合
姿勢維持　筋肉と神経の連動
視覚　聴覚　嗅覚　味覚
前庭覚　触覚　固有覚
中枢神経（脳）

発達段階の図

私は一番下にある三つの感覚を「発達の土台」と呼んでいますが、発達凸凹児はこの土台がグラグラしているといえます。土台がグラグラしている状態でその上のことを要求したり、練習したりしても、お子さんの体が追いついていけないことになります。

土台がグラグラしているのに、小学校に入ったら座っていられるように、学習できるように、ということにフォーカスして椅子に座る練習をしても、本人はやろうと思ってもできないことになり、それをさせるママとの関係まで悪くなると考えます。また一番上の学問にアプローチしても、おそらく伸びにくいでしょう。まず「発達の土台」を強化し、お子さんの発達段階に合ったアプローチをしたほうが、スムーズに楽に伸びていきます。

では一番大切な三つの感覚器官について簡単に説明しましょう。発達凸凹児には、【触覚】【固有覚】【前庭覚】の未発達による、以下のような状態が多く見うけられます。

【触覚】は識別機能・情報処理・快、不快・認知（自己の認知、他者の認知、自他の区別）などと、関係していきます。いろんなものを触ったり、なめたり、抱っこされたりしながら、触覚で物を認識し、この世との境界線を自覚し、自己を認識し、物を理解し、識別していきます。

子供は自己を認識して初めて他者を認識できるようになり、自他の区別ができるようになります。発達凸凹児は、この認知機能をしっかり育てておくことが、とても重要です。

例えば

・他のお子さんが誰かに怒られているのを見て、自分のことと同じくらい悲しくなったり怖くなったりしてしまう。

・自分が楽しいから相手も同じように楽しいはずだと思ってしまう。

というようなことは、共感できているというより、自他の区別がついていないということになりますので、対人関係に影響していきます。触覚を強化しておくことは、様々な意味で生きやすくなるための一つの要素だと思います。

【固有覚】　はボディー感覚・距離感・力や声の加減・筋肉と神経の連動などに関係しています。

・不器用、筆圧が弱い・握力・腕の力が弱い。

　手の筋肉を思うように動かせないという固有覚の未発達が考えられるので「ハサミが下手だからハサミの練習をする」というのではなく、運動や触れ合い遊びを沢山してあげたいです。

・力の加減ができない。

　例えば、自分では優しく背中をトントンとしているつもりが、やられたほうは痛いくらい叩かれたようになってしまうなどです。いくら注意しても自分ではコントロールができないので、固有覚を強化してあげることが必要になります。

・声の大きさを調節できない。

このことで、「騒がしくて、乱暴に見えている」お子さんもいるのではないでしょうか？　これも、固有覚の未発達により、加減することが難しいのです。本人は加減しているつもりでも、思うようにコントロールできない状態なのを分かってあげないと、注意ばかりされることになりかねません。

その他にも

・体の動きがぎこちない、遊具の遊び方が独特、怖がる。
・物によくぶつかる、よく転ぶ。
・椅子にきちんと座れない。
・お友達にすぐに抱きつく。
・二つのことが同時にできない。
・目で見えないと感覚がつかめない。
・距離感がとれない（近づきすぎる）等があります。

【前庭覚】は重力に対する回転、揺れ、傾き、上下動（跳ぶ）などのバランス感覚・加速や減速などのスピード感覚などに関係しています。

・クルクルと自分で回り、刺激を求める。
・飛び跳ねたり、飛び降りたりを好む。
・歩き方がフラフラしている。
・ブランコやバランスボールなどを怖がる。
など、刺激を求めるか怖がるかの行動となることが多いです。

子供は「何度言っても分からない・できない」のではなく「感覚としてつかめない、コントロールができない」ということなのです。

基本的には、子供のやりたいことや動きは発達に必要と考え、無理にやめさせたりせずに、いろんな触れ合い遊びや運動で発達させましょう。最近は、運動系・感覚統合系の療育やお教室も増えていますので活用されると良いと思いますが、触覚の部分は「ママだからできる、効果がある」と私は思っています。ですので、生活にタッチを取り入れてまず土台をしっかり育ててくださると「伸びる」につながります。

タッチや運動でこの土台をしっかり育て、発達が積み上がりやすい体にしてあげることが重要です。

2　大事なところを抜かしているかもしれません

相談に来られる方の中には「早期に発達の凸凹に気づき、すぐに療育機関に通いだしたのですが、何か違うような気がする、足りないような気がする」という方がおられます。

「意思の疎通がとれるように、育っていないように思う」「嫌々やっていて、いつもぐずりっぱなしです。やっていて意味がありますか？」などというお声も多いです。

発達段階の図（91頁）を見ていただくと分かるように、姿勢の維持や言語などは上に位置しています。私が冒頭で「大事なところをすっ飛ばしてしまうところだった」と書いたのは、大事な土台の部分を育てる前に、もっと上のことを頑張らせようとしてしまうことなのです。

早期に第三者の支援を受けると、どうしても「ただ可愛がる、ただ見守る、抱っこする、ただ遊ぶ」というよりも、課題的な関わり方が多くなるのではないでしょうか。ママだって、療育機関に行って、ただ可愛がってくださいと言われるだけでは、不安になり「もっと専門的なアプローチをして欲しい」と思うでしょう。でも、発達は段階的なのです。

子供の育ちには、触覚を通して自己を認知し、ママとの関係性を理解することが優先されます。外界へ出ておもちゃで遊ぶ前に、沢山ママ・パパと触れ合い、ただ遊ぶことが、土台を強化してあげるためにとても大切なのです。ですから家庭ではママやパパが土台をしっかり育てつつ、療育機関などではお子さんの発達段階に合う課題をプラスしていくことが、私は良い関わり方なのではないかと考えています。

私は「お子さんの年齢がある程度大きい場合も、そこをやり直せばいいのです。土台をすっ飛ばして無理をさせていたのならば、このことに気づかずにママさんが頑張らせすぎてしまっていたことをお子さんに話し、場合によっては謝ってあげるといいですよ」とアドバイスをします。

あるママさんがお子さんにそのことを話したところ「やっと分かったか」と言われたそうです。子供は「やらない、やりたくない」のではなく「思うように動かせない、やりたくてもできない、感覚的に無理」などの理由があるのです。

親御さんがそのことを分かっていて支えていくことが、対処法を知ること以前にとても大切です。これが関係性の確立につながっていきます。

第5章

タッチライフをはじめよう！

1　タッチを取り入れよう！

タッチは、子供に愛情を確実に伝えると同時に、エネルギーを与え、関係性も育てます。そして、子供が愛情を受け取れる体にしていきます。

愛情を受け取りにくい、自己像を捉えにくい子が多い発達凸凹児には、言葉による説明よりも触れたほうが確実に伝わります。

タッチライフは、親が子供に寄り添い、伴走者として一緒に息を合わせて走っているようなものです。

将来自立していくために、やる気や勇気を育て、一番大切な絶対的信頼感をタッチライフでしっかり育てましょう。

【触れることで愛情が伝わる】

- 抱きしめる、抱っこする。
- ただ手を当てる。
- さする、なでる。
- 手を添える、握る、つなぐ。
- 体を圧迫する。

・添い寝する。
・触れながら、呼吸を合わせる。
・体の一部をくっつける。

【楽しく触れ合って遊ぶ】
・触れ合い遊び（詳細は第６章で紹介）。
・じゃれ合い。
・くすぐりっこ。

【心を重ねて支える】
・そばにいて見守る。
・一緒に楽しむ、笑う。
・一緒に喜ぶ、悲しむ。
・ねぎらう、励ます。

【触れながら愛情を言葉にする】

・かわいいね〜。
・頑張っていたね〜。
・お疲れさま〜。
・楽しかったね〜。
・○○ちゃんのママでよかったな〜。

【五感に気持ちの良いことをプラスする】

・お風呂。
・香り（入浴剤・アロマオイル）。
・音楽。
・光（キャンドル）。
・揺れ（ハンモック）。
・おやつ。

私はタッチライフを「触れる、遊ぶ、見守る、寄り添う、心を合わせる」など「親子の体と心を共振させ支えること」と定義しています。

親の「可愛がる、一緒に楽しむ、愛おしむ」という気持ちが皮膚を通して子供に伝わり、子供の心を安心させて強くしていくのです。小さいお子さんにも、反抗期を迎えたような思春期のお子さんや大人にも、変化が起こることは多々あります。

躾や正論は一旦横に置き、まずは手を当ててみてください。

タッチ

おでこ　スリスリ

いつでもどこでもハグしてる

ゲーム・TVタイムは背中にタッチ

背中をすっぽりつつみこむ

添い寝が大切　呼吸をあわせて

足をスリスリ・腰もスリスリ

ふくらはぎは毎日さすると違いが分かる

書字が苦手な子には手を添えると書きやすくなる

2　タッチの触れ方3つのポイント

タッチの触れ方には、次の3つのポイントがありますが、最初はあまり施術に囚われずに、ゆったりとした気持ちでお子さんもママも心地良く触れ合うことが一番大切です。

【心地良い圧をかける】

- 掌を当て、圧をかける。
- 掌で挟み圧をかける。
- 強く抱きしめる。
- 布団や毛布で挟んだりくるんだりする。
- 体ごと乗っかり全身に圧をかける。

【呼吸を合わせる】

- 抱っこをしながら。
- 添い寝をしながら。
- 手を当てながら。

【言葉は短く】

・一言目がとても大事。

・言葉で何とかしようと思わない。

・体で感じ取ることを大事にする。

お子さんが気持ち良さそうかどうかを観察し、どこが、どのくらいの圧が気持ち良いのかなどを、聞きながらやってみてください。毎日触っていくうちに、お子さんからリクエストがきたり、体の状態と心の状態の連動に気づいたり、色々な発見があると思います。タッチライフはママとお子さんと一緒につくり上げていくものなので、こうしなければいけないという型に囚われたものではありません。それぞれの親子で心地良く進めてください。

3　タッチライフがうまくいくコツ9つのポイント

【子供のやって欲しい箇所・強さ・早さを優先する】

★これが一番大切なことです。

タッチライフの「タッチ」は施術・手技が重要と考えてはいません。強く押して欲しがる子、背中をさすって欲しがる子、手を握っていて欲しかったり、ずっと抱っこをしていて欲しかったりする時など……お子さんそれぞれに、その時々で感じ方が違います。お子さんの欲求に合わせてやるのが一番効果的です。タッチを始めると「背中をさすって・トントンして・ギューして・足をさすって」などのように、リクエストしてくるお子さんが非常に多いです。体は正直で、子供は素直に必要なことを教えてくれます。

【子供が求めている時はできるだけ早く】

お子さんが「抱っこして」「さすって」「そばにいて」などと欲求を表した時は、不安になっていることが多いです。

また自分の気持ちや感覚をそのように言語化できていることは、とても良いことなので、すぐに対応してあげるとタッチの効果も高まります。

【目覚めた時や朝の抱っこを大事にする】

不安が強いお子さんは、目覚めた時ママがそばにいないと、泣いたり叫んだりすることが多いです。できるだけ目覚める時はそばにいて、十分くらい抱っこをしていると落ち着き、泣かなくなります。また、登園や登校渋りがあるお子さんにも、朝の抱っこは効果があります。朝、洋服選びでパニックにならなくなったり、自分から支度をしたり、学校に行けるようになるというケースがよくあります。

【帰宅時や夕方、寝入りのタッチでエネルギー補充】

帰宅時は、園や学校などで神経を使い果たしている場合が多いです。それによって自律神経が乱れたり、血糖値が下がっていたりする場合もあります。また夕方は、交感神経と副交感神経が入れ替わる時間帯で、だるくなってしまうお子さんもいます。せっかく無事に帰って来たのですから「手洗い、うがい、プリント、宿題……」と言いたい気持ちは一旦横に置いて、まずは一度ギュっと抱きしめて、タッチをしましょう。ゆったりと休憩しながらタッチでエネルギーを補充すると、そのあとで宿題に取り掛かりやすくなります。

寝入りも大切です。特に小さなお子さんは必ず添い寝をしてください。寝る前に背中やふくらはぎをさすると緊張がとれてよく眠れます。タッチで睡眠障害が改善したという例もありますので、ぜひトライしていただきたいです。

【遊びながら・テレビを観ながらタッチやハグをする】

遊びながら、じゃれ合ったりくすぐってあげたりします。

また、布団に挟んでママが上に乗る、タオルケットで全身をきつめに巻く、などのように、圧迫することを好きなお子さんが多いので、沢山やってあげましょう。

テレビやＤＶＤを観ている時は動かないので、タッチがしやすいです。後ろからすっぽりと背中を抱っこしながら一緒に観たり、体の一部をくっつけたりしているだけでも効果的です。一緒に観ながら気持ちを共有したり、テレビの内容を解説したりでき、有効に使える時間です。兄弟がいる場合は十分ずつ交代して、しっかり抱っこしてあげるだけでも良いでしょう。

【タッチは先行投資のようなもの】

タッチは先行投資のようなものです。例えば癇癪が起こってからするのではなく、その前に起こらない体にするという考えです。お子さんがご機嫌な時、だらだらしている時、遊んでいる時に沢山タッチしましょう。

また発表会などの行事を前に、ストレスのかかりやすいことがある時は、その前に沢山タッチをします。翌日行きたくないことや緊張することがあって気分が憂鬱な時も、前の晩にちょっと丁寧にタッチをすると翌朝が違ってきます。

このことは長期的に見て、思春期の反抗・自己否定・二次障害への予防、社会に出る時の自立心などにもつながっていきます。

【荒れている時は言葉よりもタッチする】

「機嫌が悪い、荒れていて暴言を吐く、否定的なことを言う」などのように、子供の心がガサガサしている時は言葉をかけられることでそこに反応して、余計に荒れることも多いです。

そんな時にはまず、背中に手を当ててみてください。心が固くなっている時は体も固くなっています。その体を緩めると、心も緩みます。また呼吸が浅くなっていることも多いので、その呼吸に合わせながら、深くゆったりした呼吸になるように、手を当ててあげてください。

【義務感でやらない、無理をしない】

タッチは毎日やるのが理想的ですが、ママは一人で忙しいので、できない日もあります。兄弟がいれば、ママの取り合いにもなるでしょう。「できる時に、できるだけ」を心がけてやっていきましょう。私は、病院の待ち時間や移動などのちょっとした時間に、よくタッチをしていました。お風呂が好きなお子さんには、他のお子さんをパパに任せて、ママと二人で入るようにするなどの、ちょっとした工夫をすることを意識してみましょう。

義務感でやったり、効果が期待通りに見えないからと苛立ったりすると、ママのとがった感覚が皮膚を通して必ずお子さんへ伝わります。そういう気持ちの時は、疲れているということですから、無理にやらないほうが良いでしょう。どうぞ休んでくださいね。

３章でも触れましたが、タッチによるオキシトシン効果は親子相互に作用します。タッチをしているほうが幸福感を感じ、オキシトシン値が高いというデータもあるそうです。私もそう実感してきました。タッチをしている私自身の気持ちが和らぎ、息子への愛おしさが増し、幸せを感じてきました。

ぜひ皆さんも体感していただけたらと思います。

【触覚過敏のお子さんは圧迫から始める】

発達凸凹児は触覚の過敏を持ち、自分から触れるのは大丈夫だけれど触られることは嫌がったり、痛がったりするお子さんがいます。息子も過敏があり、嫌がっていた顔洗いや入浴も触っているうちに大丈夫になりました。触覚過敏のあるお子さんは、最初はさするのではなく、抱きしめる、掌を当てて圧をかける、挟んで圧をかける、というような圧迫刺激のほうを好む場合がありますので、お子さんに聞きながらお試しください。

私の経験では基本的にどんなお子さんも圧迫欲求はあるのではないかと思っています。

また、体が逃げたり嫌がったりする時、嫌がる部位は無理に触らず、抱っこや体が触れているだけでも十分ですので、焦らずにタッチを取り入れていってください。

脳神経の構造が変わるのには、三か月はかかると言われています。変化を楽しみにして、三か月をめどにまずはやってみてください。

4　施術のポイント

施術のポイントをお伝えします。服を着たままでもかまいません。大切なのは、お子さんがリラックスし、気持ちの良い箇所をタッチすることです。施術方法・施術箇所・施術時間に囚われず、触れて感じてお子さんと一緒に気持ちの良いタッチ、必要なタッチを探していってください。

私の経験から、強く圧迫される抱っこや、背中や足をさすってもらいたがるお子さんが多いです。やって欲しがることを満足するまでやってあげましょう。また、肩甲骨をほぐすこと、首から肩甲骨当たりの背骨の脇をさすると血流や神経を活性化することも大切です。

背中

背中は不安や緊張が取れて、とても効果的です。
なるべく毎日タッチしましょう。
両手でも片手でもかまいません。圧をかけたりさすります。

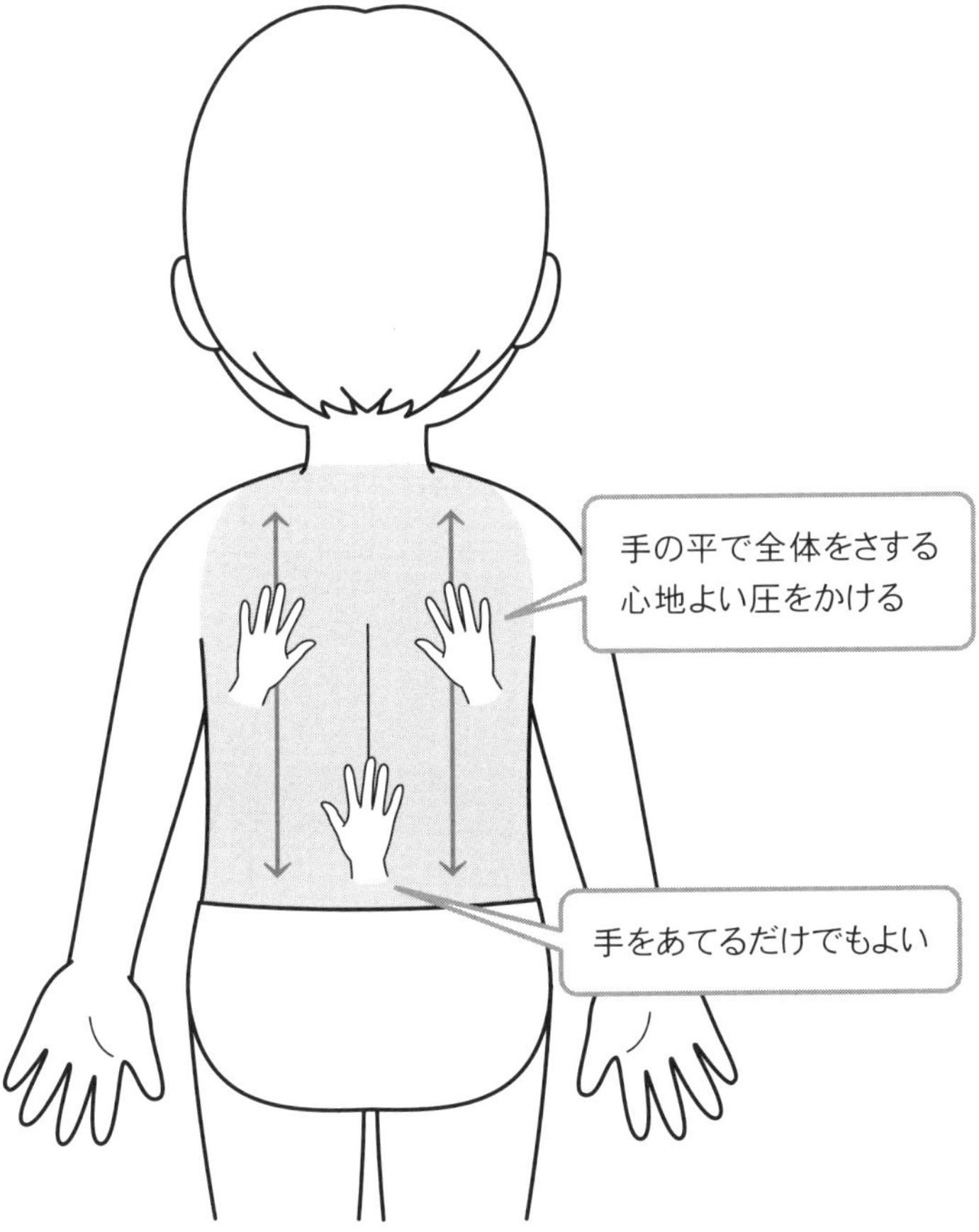

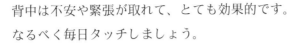

手の平で全体をさする
心地よい圧をかける
手をあてるだけでもよい

腰

腰は排尿・排便・おねしょなどの問題に効果的です。

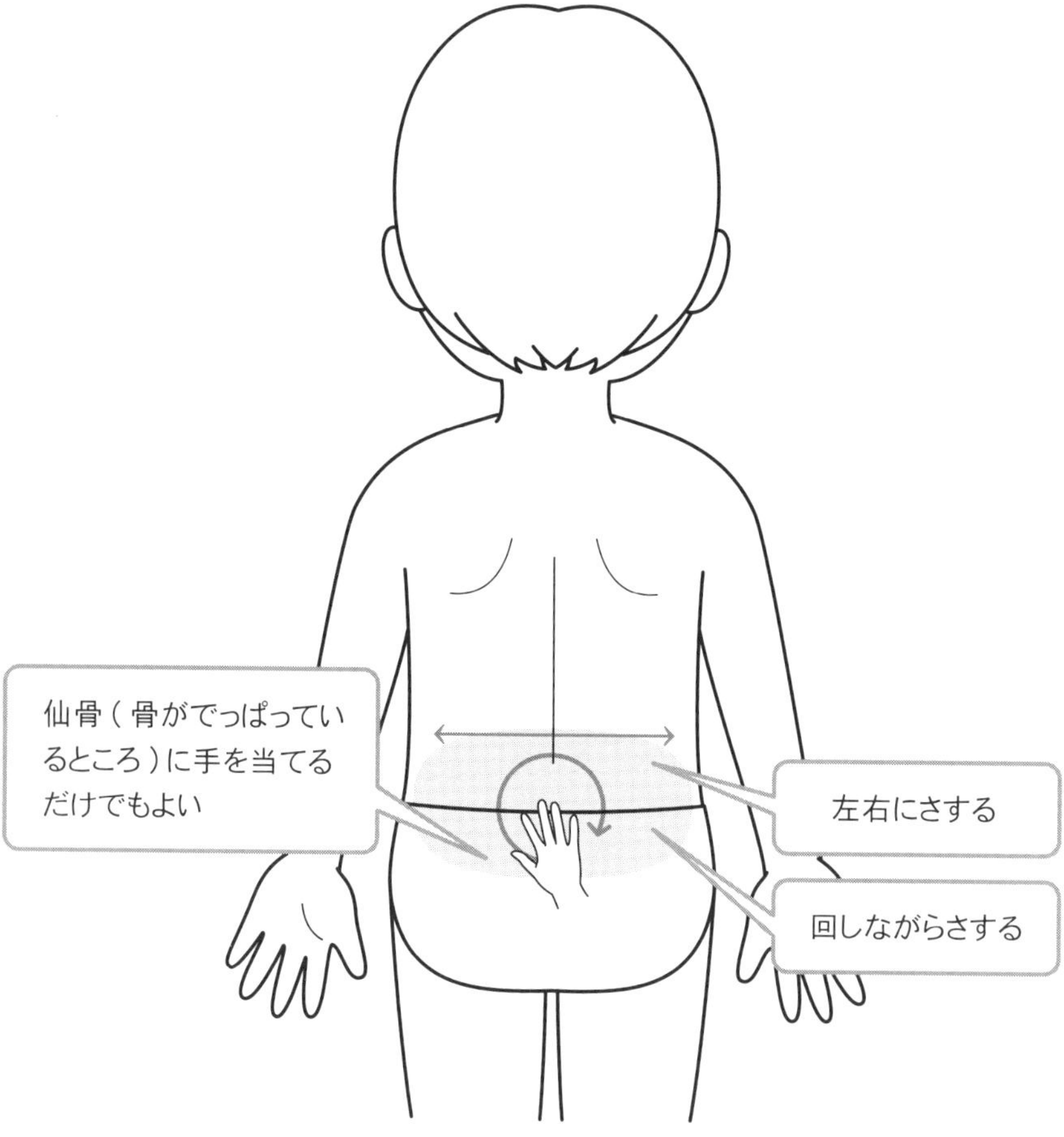

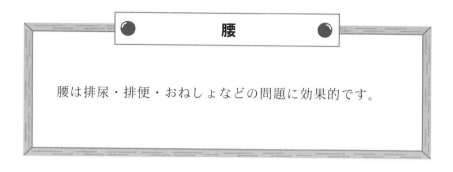

仙骨（骨がでっぱっているところ）に手を当てるだけでもよい
左右にさする
回しながらさする

首・肩甲骨・背骨

首～腰にかけ迷走神経の活性化を促します。

迷走神経は発語・臓器・自律神経などの活性化につながっていますのでタッチしましょう。

肩甲骨が緊張していることが多いのでほぐしましょう。

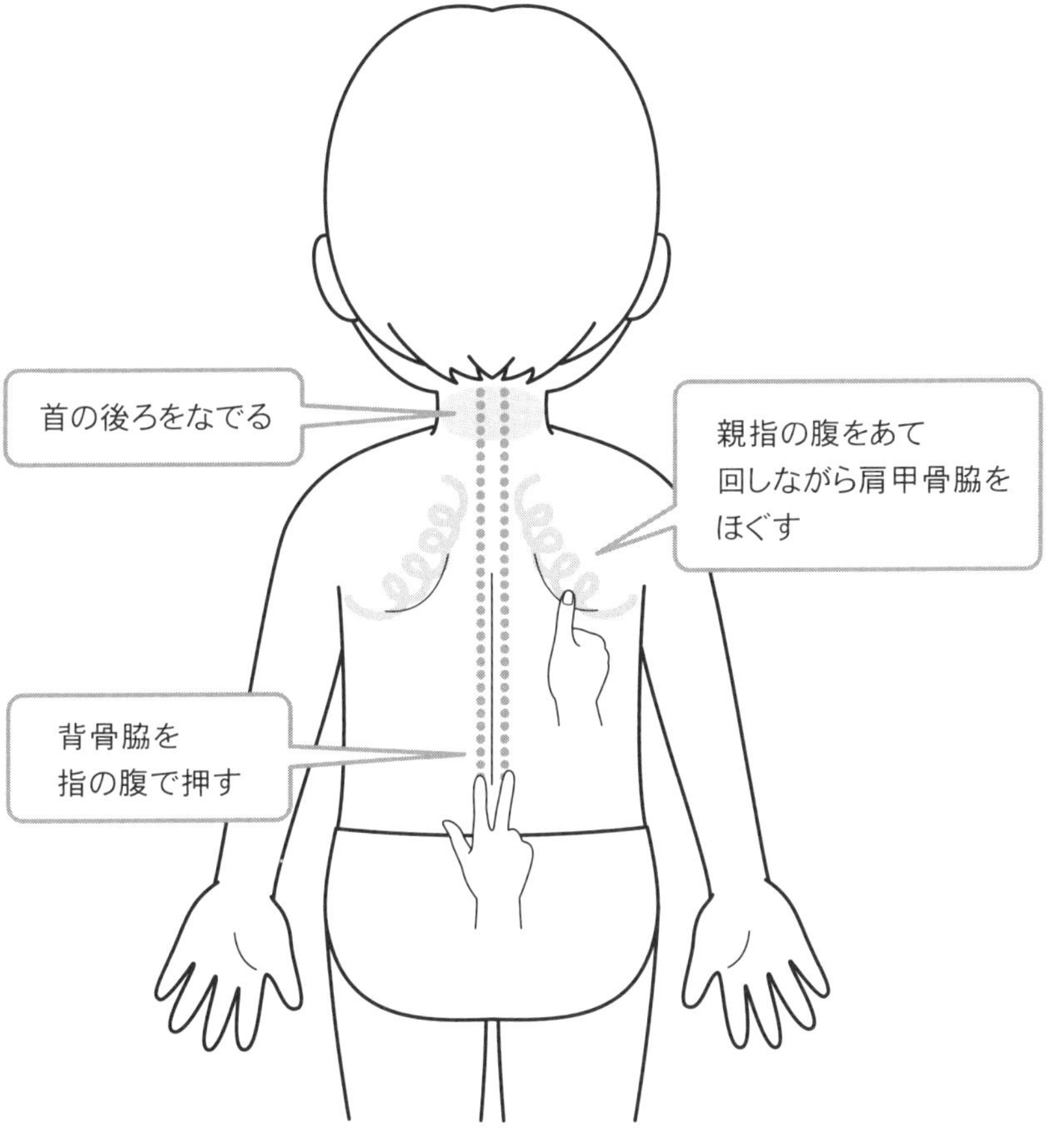
首の後ろをなでる
親指の腹をあて
回しながら肩甲骨脇を
ほぐす
背骨脇を
指の腹で押す

のど・鎖骨・腹・腕

のどの筋肉を刺激し活性化させる。鎖骨周辺をさすると自律神経を整える。腕～指先まで挟んで圧をかける。腹は緊張を取り、下腹は腸を整える。

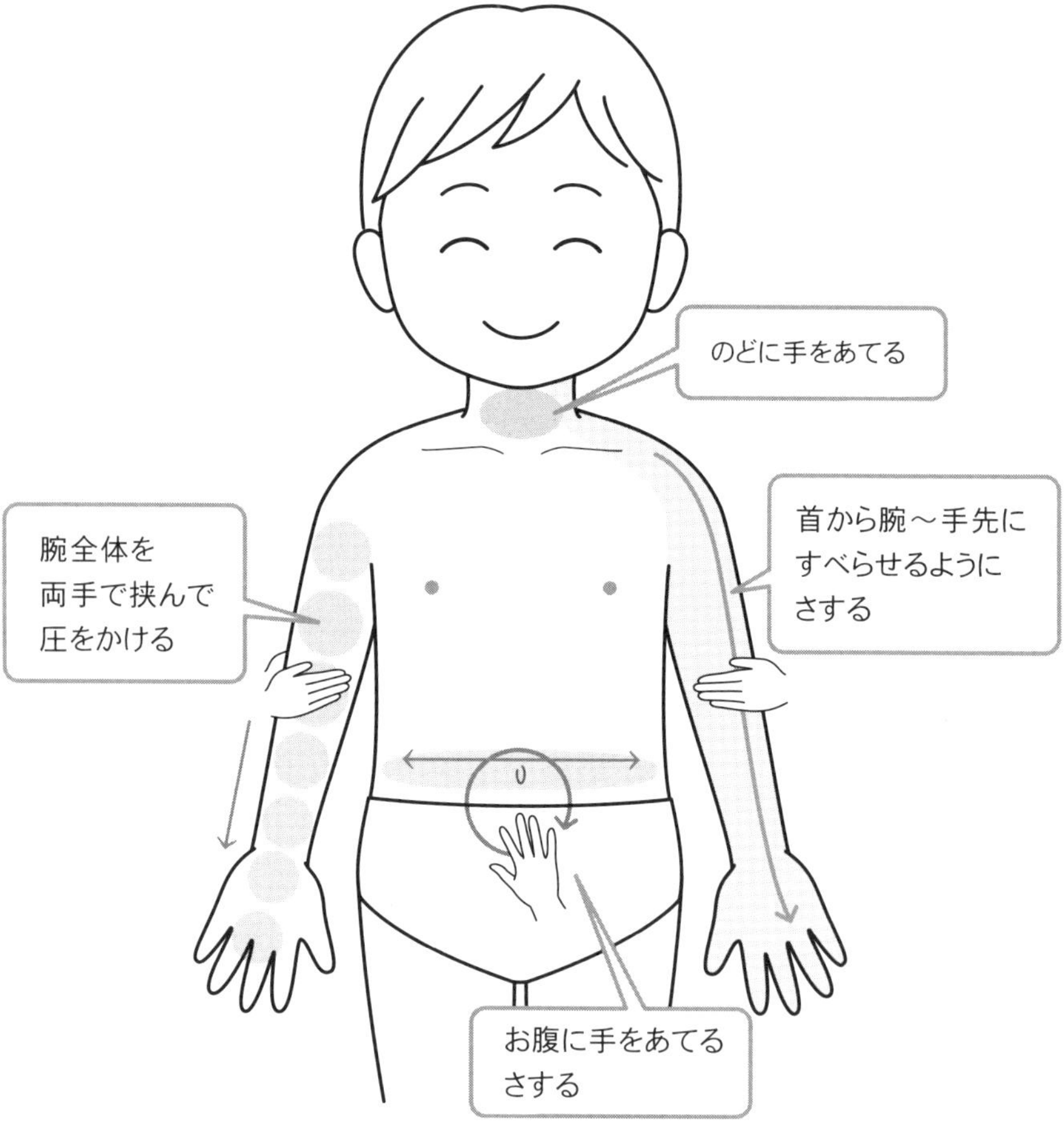

のどに手をあてる
腕全体を
両手で挟んで
圧をかける
首から腕～手先に
すべらせるように
さする
お腹に手をあてる
さする

足・脚

ふくらはぎは緊張を取り、リラックスする効果がある。
脚は睡眠・入眠に役立つ。毎日さするとよい。

圧をかける
なでる

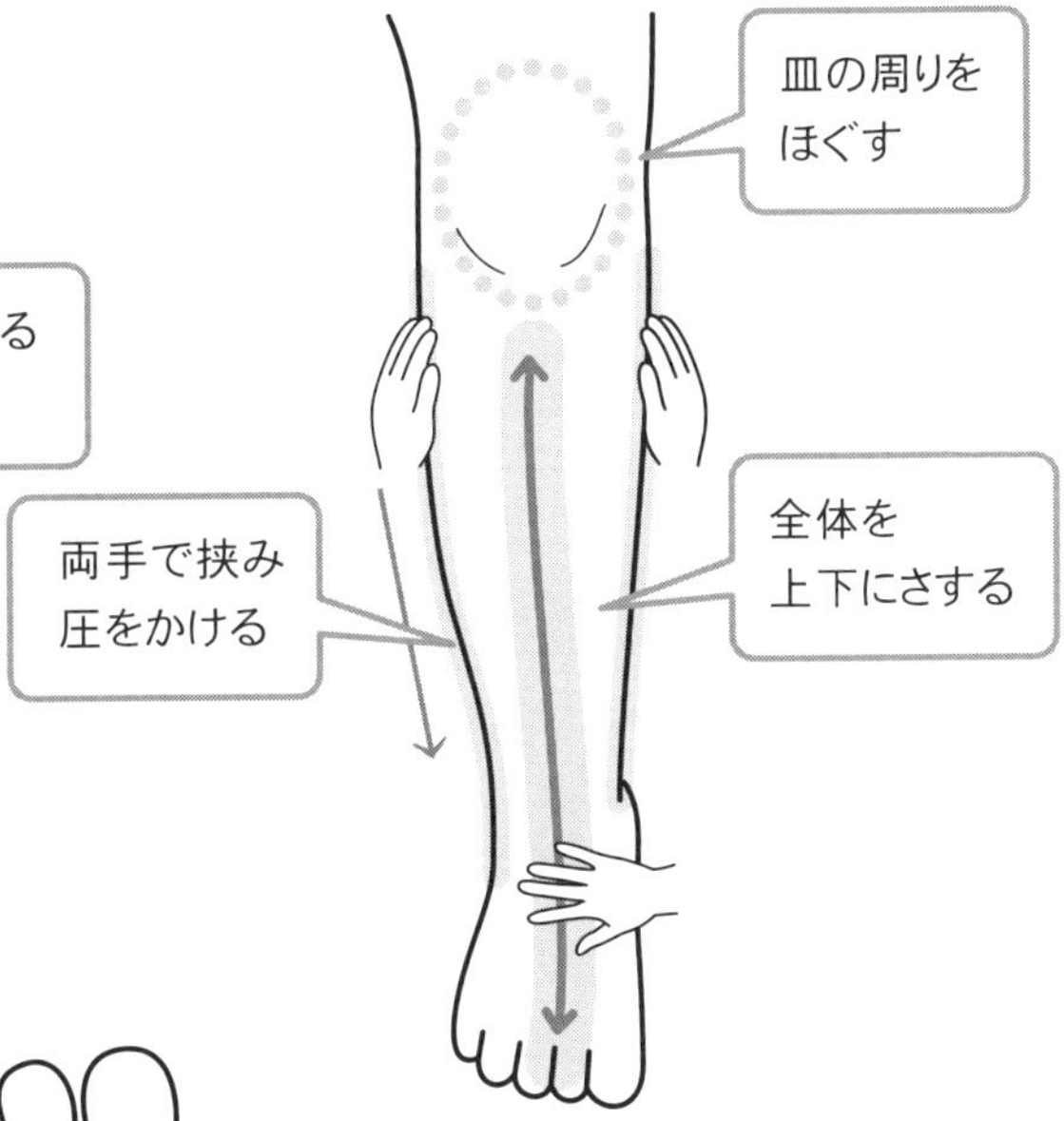
皿の周りを
ほぐす
両手で挟み
圧をかける
全体を
上下にさする

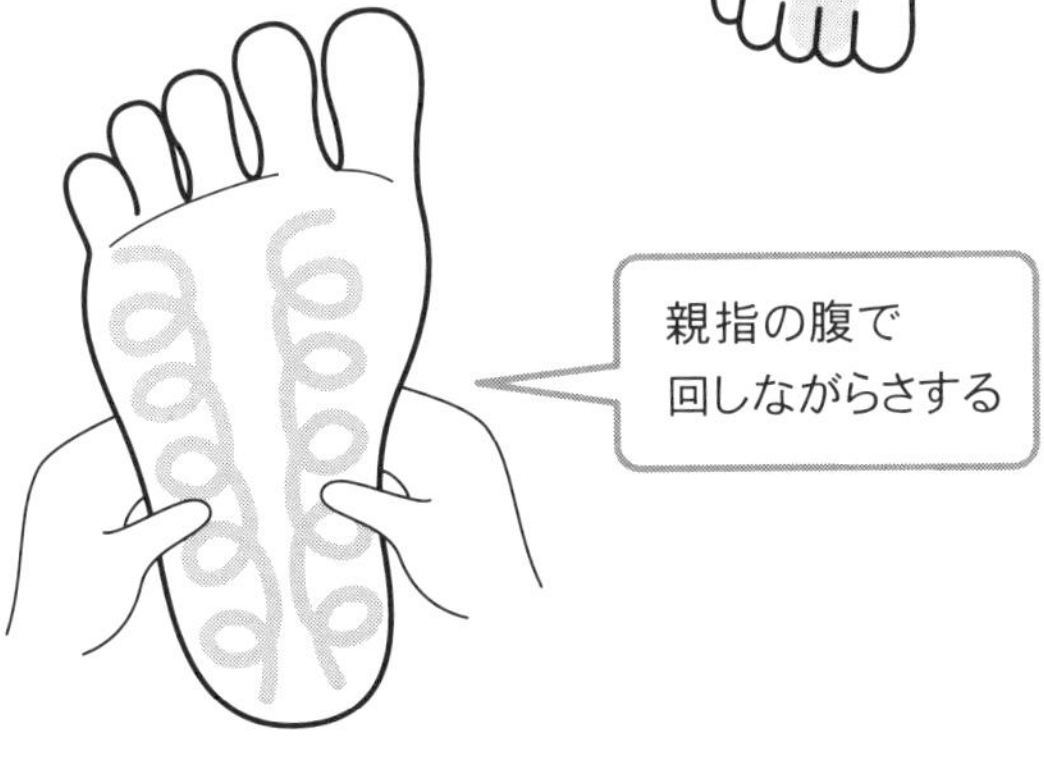
親指の腹で
回しながらさする

手・耳・顔・頭

手・脚・ひじ・ひざなど関節を刺激すると固有覚の発達を促す。耳は自律神経を整える。顔・頭・おでこなど手当てするだけでよい。

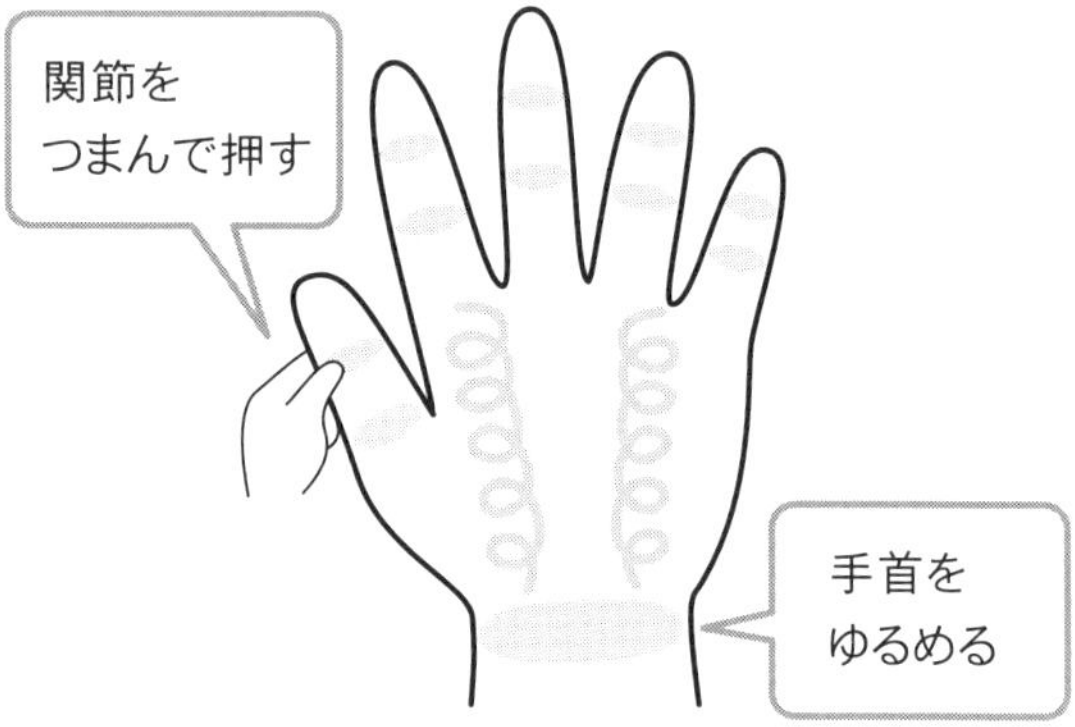
関節を
つまんで押す
手首を
ゆるめる

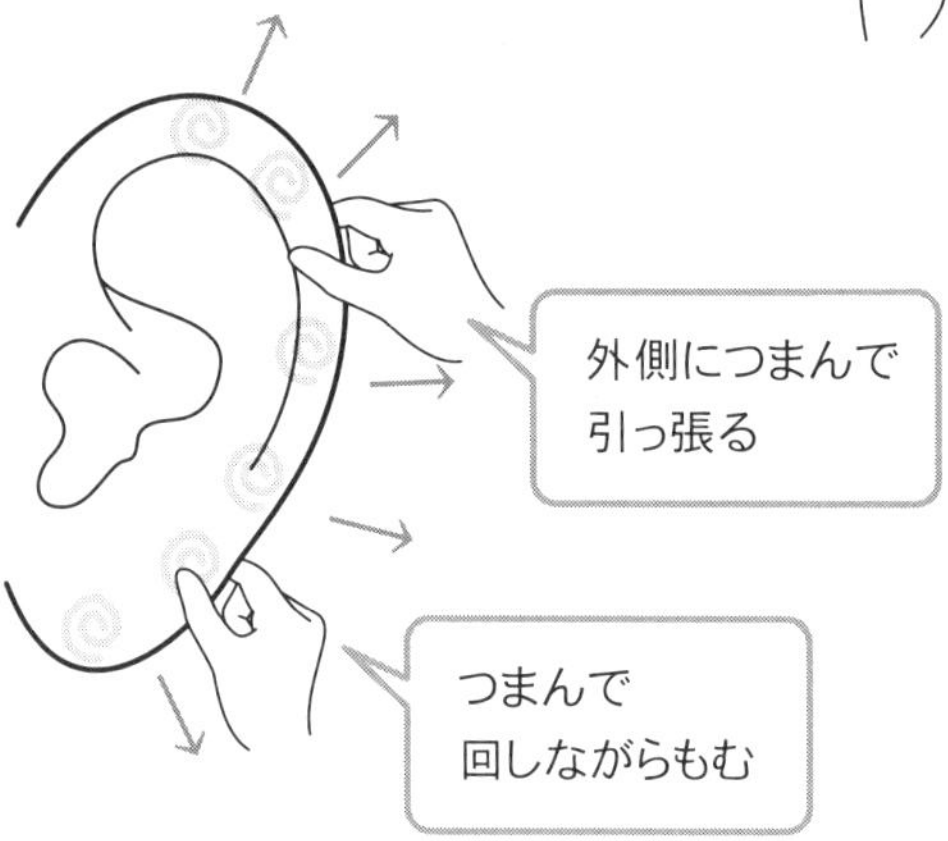
外側につまんで
引っ張る
つまんで
回しながらもむ

頭・おでこ・頬・耳たぶ
などに手をあてる

第6章　触れ合い遊び

この章では【触覚】【固有覚】【前庭覚】を強化するための触れ合い遊びをご紹介します。筋肉・神経・血流・関節・眼球などに沢山刺激を与え、楽しく発達させましょう。

発達凸凹児には腕の力、握力が弱い、姿勢保持が難しいなど低緊張のお子さんも多いです。筋肉はある程度緊張し、体をコントロールしていますが、その筋力が低いため様々な体を動かす力が弱く、疲れやすさにつながっている場合もあります。

このようなお子さんは特に遊びを毎日することで、発達していきます。また、筋肉と神経は必ず連動しており、体を使った遊びは脳神経の発達に役立つことは言うまでもありません。

訓練ではありませんので、できないことを無理にするのではなく、楽しくやりたい遊びをしましょう。

年齢の高いお子さんは、筋肉を使い、感覚・神経を発達させることを意識的に取り入れてください。

触れ合い遊び

① ふりこ

左右にブンブン振り
上半身と下半身を感じよう

② さかさふりこ

回転して重力を感じよう

③ タオルカート

タオルにしがみつき落ちないように頑張って

④ コチョコチョ橋

落ちないように踏ん張って

⑤ 風車

大きく回転・遠心力を感じよう

⑥ ゴロゴロだっこ

だっこしたままゴロゴロ回転・
スピードアップで大喜び

⑦ バランスゴロゴロ

押したり引いたり前後にゴロゴロ

⑧ 手押し車

腕を突っ張る力をつけよう

第7章

タッチライフで子供が伸びる10のポイント

1　嫌がること・怖がることは一旦やめる

感覚過敏を持つお子さんは多いですが、どんな過敏があり、どんな時に反応するでしょうか？聴覚過敏で耳を塞ぐ子には、イヤホンや耳栓をして音を和らげたり、音の刺激が強過ぎて嫌がるような場所は避けたりします。

触覚過敏で手を洗ったり顔を洗ったりするのが嫌いな場合は、お絞りを使ってみるなどの工夫をしてみましょう。

年齢にもよりますが「一旦やめてみる、無理強いをしない」ということを試してください。

強迫的行為が見られるお子さんも同様です。感覚の問題は、無理に慣れさせようとしないことが大事です。

2　子供のしたいことに合わせる

子供の遊びは「感覚を刺激する遊び」や「おもちゃ、絵本、お絵かき、水遊び、テレビ、パソコン、ゲーム」や「体を使った遊び、運動的な遊び」など色々ありますが、最初はお子さんのやりたいものに付き合う（子供と同じことをやってみる、子供がやって欲しがることをする）という関わり方をしてみると良いです。

ゲームなどもやめさせることばかり考えずに、まずは一緒に楽しんでみてください。そのほうが「もうそろそろやめよう」という言葉が入りやすくなると思います。

子供をコントロールしようとしないで、まず親子の関係性をよくすることが、言うことを聞いてくれる近道です。

3　伸びる近道は好きなことから広げる

「好きこそ物の上手なれ」という言葉がありますが、発達凸凹児は本当に「好き」から伸びていくタイプの脳なのではないかと思います。物を見るのも、普通の人とはフォーカスの仕方が違います。全体を見て把握するというより視点が一箇所に集中する、輪郭を見る、などのように独特のタイプが多いかと思います。また認知の仕方に偏りがあることもあります。

発達凸凹児は、親が働きかけても促しても、なかなかこちらの誘いに乗ってくれないことが多くないですか？　例えば知育玩具などに、月齢通りの反応を示さないことが多々あります。興味を持ったらそれにのめり込む子もいますし、注意散漫で飽きっぽい子もいます。

色々な物の理解や習得の入り口は、自分の興味を持ったものや好きなもの、楽しいことです。それを上手に活用したほうが「伸びる」のです。アンパンマンが好きならば、「アンパンマン」というカタカナをよく見るので、覚えやすいでしょう。興味のない絵本より、アンパンマン図鑑を見ながらのほうが、色や文字を覚えるのが早いし、アンパンマンのシールを貼って数えたほうが、数の概念は入りやすいので効率的です。アンパンマンの言っているセリフを覚えて語彙が増えたり、意味の理解が進んだりもするでしょう。

このように子供が興味を持って見ているものには、一緒に抱っこをしながらテレビを観たり本を読んだりして欲しいのです。テレビを観ながら一緒に笑ったり、感情移入をしたりすると共感力が育ちます。一緒に観ながら解説を入れていけば、社会性を理解するのにも良い教材となります。

例えば、相談の場でこんな事例があります。

> あるママさんが「うちの子は野球が大好きで、毎日、選手や成績やらの話ばかりをするのですが、私が興味ないので辛いんです」「でも、子供の大好きなものは、大事にしてあげたいと思います」とおっしゃっていました。自分は興味がないと分からないこともあり、ちょっと辛いですよね。私はその時「じゃあ、どのピッチャーが誰に打たれやすいとか、好きなチームや選手を分析させて、表を作ってママさんに分かるように説明してもらう、というような課題にしちゃうのはどうでしょう?」と

提案しました。この提案は、子供がただ話すのではなく、相手に分かりやすく伝える練習に変えるという考えです。ママさんは「それならできるかも。私も楽かもしれない」とおっしゃっていました。

これも「好き」から広げる一つの方法です。

4　遊び・運動を一緒に楽しむと「体・脳・心」が発達する

タッチライフの基本は「一緒に思い切り遊ぶ時間を作る」ことです。触れ合い遊びは特に【触覚】【固有覚】【前庭覚】の発達に直結していますので、一定期間は家事の手を抜いてでもやっていただくと変化を感じると思います。

子供の動きは、発達に必要な動きだと言われています。ブランコを何度も好んでやる子がいると「反復行動」とマイナスに捉えることもありますが、筋肉や神経を発達させるのに大切なのです。楽しんでいれば無駄はないと思います。必要でなくなれば、次の遊びや動きに移っていきます。ですからボールや風船、トランポリンやお手玉など体を使った遊びは、できるだけ一緒に夢中になって遊んで欲しいのです。

このような遊びを通じて【固有覚】が発達すると、人との距離感、力の加減や声の大きさを調節することも上手になります。付き合う大人は疲れてしまうこともあるのですが、ここはちょっと頑張りが必要です。

私も「必要なのは体力だけだな〜」と思いながら、毎日よく一緒に動き、走っていました。今思うと、あの動きのお陰で息子の発達が促進したことがよく分かります。

筋肉を使えば必ず神経も使い、刺激され、発達します。

私たち大人は、子供がおもちゃなどで遊ぶ時、つい「こうやって遊ぶんだよ」と教えたくなりますが、発達凸凹児には自分の世界があったり、独特の捉え方を持っていたりするお子さんが多いので、子供の遊び方にこちらが合わせていき、一緒に楽しむことを優先したほうが良いように思います。一緒に楽しみを味わい、目を合わせて笑い、遊びを進化させていくことで共感力が育ちます。共感力は小学校に入るとたちまち必要量が増し、お友達関係で必要になってきます。

発達凸凹児には一人で何かを想像して嬉しそうにしていたり、突然にやにやし始めたりするなどのファンタジー傾向を強く示す子も多いです。悪いことではないのですが、それにプラスして他者との心の共有ができると、もっといいですよね。中にはファンタジーに浸りすぎるお子さんもいますので、少し意識的に関わることで遊びの中から共感性部分を育ててあげることが大事かと思います。

5　一旦受け止める、最初の言葉が大事

私の経験から、発達凸凹児への声掛けは「第一声がとても大事である」という実感があります。どんな声掛けも、一言目が大事なのです。特に癇癪を起こしたり、何かに抵抗を示したりしている時、不安や恐怖を表している時、暴言を吐いてしまう時などは、その時に色々言っても入っていかないでしょう。

一旦受け止めるとは、

「怖いよ」と言ったら「怖いんだね～」

「嫌だ、やりたくない」と言ったら「嫌なんだね。やりたくないんだね」とそのままを返してあげると良いのです。

簡単です。オウム返しをしてあげれば良いのです。

言葉が出ていないお子さんには「怖いのかな？」「嫌なのかな？」と見た様子を言ってあげるだけでいいのです。

つい安心させようとして「何が怖いの？　怖くないよ、大丈夫よ」と言いがちなのですが、「怖くないよ」と言われると子供は「怖さを分かってくれていない」と捉えて余計に不安が増します。まずは、一旦受け止めて寄り添うことが大事です。

イヤなんだね～
イヤだよね～…
うん。
うん…。

小さい子の癇癪は「もうママダメ！　ママぶつ！」「○○ちゃんのバカ！」などのように暴言がセットになることがあります。少し大きくなると「バカヤロー　ぶっ殺す！」などと、かなりきつい言葉になるかもしれません。こういう言葉を言われると、お母さんは、その言葉に巻き込まれ、「もう、そんなこと、言わないの！」「こんな言葉、使っちゃダメでしょ！」などと、言葉に振り回されて平静さを失いがちです。

子供はその言葉を使ってはいけないことなど十分解っているので、言葉に強く反応しないほうがいいですね。殆ど怒りの根底には不安や悲しみがあるのです。怖くて不安だったり、プライドを傷つけられたりしているかもしれません。子供は、この気持ちにフォーカスして欲しいのではないでしょうか？

私はあまり言動に振り回されないように、勝手に「所ジョージ風」を取り入れて「あらら～　荒れてるね～」「あら～　機嫌わる～～～」的な見方をするようにしています。そうすることでそのままを受け止め、オウム返しで言ってあげやすくなります。

例えば

「『もうママダメ！　ママぶつ！』ってくらい怖かったんだね」

「『○○ちゃんのバカ！』ってくらい嫌だったんだね」

「『バカヤロー　ぶっ殺す！』ってくらい嫌なこと言われたの？」

というように一言目に言ってあげると、「ママは分かってくれる」と受け取るようになり、そのまま少し待ってあげると気持ちが落ち着いていきます。

癇癪や暴言は表面的なことです。発達凸凹児は不安にとても弱いと書いてきましたが、行動の裏にある不安に目を向けて、安心感が伝わるのがまずは重要です。安心とは「ママだけは分かってくれる」ということです。

このように、自分の思うようにできないことや言えないことが多く、誤解を受けやすい子には、タッチで安心をチャージし、言葉でも安心を与えてください。これは少し意識しないとなかなかできないと思います。どんな言葉を返すのかいくつかのパターンを作り、紙に書いて貼るなどして準備しておきましょう。そのくらいしないと、習慣化できません。また「どうしても正論を言いたくなる」という方の中には「自分の親はとても躾に厳しかった、私もそうするべきだと思う」という考えがあったりします。でも、凸凹児育てでうまくいくコツは、躾を第一優先にしないということです。正論ばかりを優先することで柔軟に対応できなくなり、子供とママの関係性は育ちにくくなってしまいます。ママとの関係性が育ち不安が減ると、指示が入りやすくなるので、躾もしやすくなります。

6　褒めるより、ママの喜ぶ顔がやる気を育てる

褒めることが決して良くないというわけではありません。自然に褒めるのは良いのですが、ママが無

理に褒めようとして褒めても、子供はあまり嬉しくないと感じ、しらけてしまうことになるでしょう。その人にコントロールされるような感覚になり、信頼感を持てなくなってしまう……そんな関係性を思わせるからかもしれません。「上手だね～　できたね～　偉いね～」は、どちらかというと、結果を評価する言葉です。

小さいうちは「一生懸命やったこと」「楽しめたこと」「やりきったこと」「苦手ながらも挑戦したこと」「思いやりを持てたこと」など、その過程や行動に目を向けた言葉が大事かと思います。「やったね～」「素敵だね～」「好きなんだね～」「うまくいったね～」「優しいね～」「ママも嬉しい～」「ありがとう～」のような話しかけ方は、一緒に喜んでいる、認めてくれた感じ、になりませんか？

子供はママから評価をもらうより、ママと楽しんだり、喜んだりするほうが、エネルギーとなり、やる気につながるのです。

カウンセリングをしていて、「褒められる」ことに囚われて育った方のお悩みで、「何が楽しいのか、気持ちいいのか、嬉しいのか、おいしいのか、やりたいのか、本当はどうしたいのか」といったことを、自分で感じることが分からなくなっているママさんや大人の凸凹さんに、会うことが珍しくありません。

これは自分の意志で頑張るのではなく、褒められることが目標になり、褒められるためだけに頑張ってきたことで自分軸（自分の意思や生きがい）が育たなくなってしまったといえます。

そんな時はあれこれ考えず「お風呂に入るのが気持ち良い」「好きなアロマを探してお部屋で香りを楽しむ」「ストレッチをする」……など、体が心地良いと感じることから始めると、だんだんに自分の心を取り戻していきます。

発達凸凹児を育てるのは大変なことが沢山ありますから、ママが疲労困憊していると、笑顔が出ないかもしれませんね。そんな時はママ自身のために、体で心地良さを感じるアプローチをしてみてください。ママの笑顔は、子供のやる気スイッチにつながります。

7　自己肯定感を育てる

皆さんは、お子さんの自己肯定感はどうしたら育つと思いますか？「うちの子、自己肯定感が低いので何かができるようになれば、自信がつくと思うのです」というご意見をよく聞きます。もっともなのですが……ちょっと違う視点も必要か、と思います。

発達凸凹児には凸凹のせいで頑張ってもできないことがあったり、感覚過敏への対応でエネルギーを使いすぎて疲れていたり、興味はあるけれど怖くて一歩が踏み出せない……というようなことが、私たちが思う以上に多いのです。もちろん何かができれば、自信がつき自己肯定感も育つでしょう。でも、ママがそこにゴールを設定することが、やる気や肯定感をくじくことになっていることもあります。

その子は、ものすごく頑張ってやっていることでも、「みんなができているから当たり前」とみなされている場合が多いかもしれません。固有覚が未発達の子は思うように筋肉が動かず、腕の力や握力が弱い場合も多いです。筆圧が弱く、文字を書くのに他の子よりも何倍も時間がかかるお子さんもいます。不器用だったり、運動が苦手だったりします。それでも「お遊戯・マット運動・ダンス・縄跳び・逆上がり・お絵かき・お箸使い・ピアニカの演奏・運筆……」といった課題は、みんなと同じように目の前にやってきます。

また、聴覚過敏のお子さんが、学校の休み時間や楽器などの音が苦痛で仕方ないということもあります。そんな状況下で休まず学校に行ってエネルギーを消耗し、帰宅後は疲れてぐったりしていることも多いです。それでも宿題を頑張っているかもしれません。

ママはお子さんがどれほど頑張っているのかを分かること、認めることが大事かと思います。そして、タッチでエネルギーを与えていくと、やる気が出てきます。

タッチを取り入れていただくと「今まで怖がってやらなかったことに挑戦した」「自分から宿題をするようになった」「自分の気持ちを言うようになった」という変化がよくあります。

その時には「挑戦したこと」「自分から行動したこと」「話してくれたこと」を、必ずママが喜んで欲しいのです。

そのやる気や、勇気が自己肯定感となっていくからです。「できるできない」は結果としてついてきますが、**大切なのは「やるかやらないか」です。やろうとしたことをママが認め、喜び、応援することで、自分の選択したことを肯定でき、行動に移す勇気が出て、自分を楽しめるようになるのです。**

大人が勝手に想定したハードルを乗り越えさせようとしても、肯定感にはつながりません。親から愛されている実感が持てると、子供は自分を好きになり肯定します。そして自己選択をし、自分でハードルを設定していくのです。あとは全力で応援すれば結果はついてきます。

8　柔軟に視点を変えると、子供との絆が強くなる

お子さんを見ていて

・なんでこんなことができないのだろう？
・なんでこんなに抵抗するのだろう？
・何がそんなに怖いのだろう？
・なんで何度言っても分からないのだろう？
・なんでそんなこと言うのだろう？
・なんでこんなにテンションが上がってしまうのだろう？

・なんで人の気持ちが分からないのだろう？
・なんで嘘をつくのだろう？
と、いろんな「なんで？」を感じることと思います。

その「なんで？」はママさんが大人になるまでに身につけた常識や価値観が当たり前となっている、一つの判断基準です。国が違えば常識が違うのと同様に、子供は凸凹脳ゆえに、少し私たちが想像できない世界にいるかもしれません。そのことを一度考えてみると、自分の価値観が意外と狭く、柔軟ではないと気づくでしょう。

子供に「なんで？」を感じた時、正しいことを教えることが親の仕事だという考えが、最初に頭に浮かぶほうが多いかと思います。私もそうでした。でも、これは息子を育てながら発達凸凹について学ぶほど、安直な対応だと気づきました。発達凸凹の世界は、いわゆる普通とは異なる感覚・解釈・把握・記憶・認知の仕方をしていることが多々あります。まずはこのことを頭に入れておくとイライラも減るように思います。そして、なんでこうなのか？　を柔軟な視点で観察することが関係性を強めることとなります。ダメなことや意味の分からないことをする時

・感覚過敏や不安緊張が関係しているだろうか？
・いつから、どれくらいストレスがかかっていたのだろう？

・それはそんなに悪いことだろうか？　子供の側から見たらどうだろう？
・それは本当に今できなくてはいけないことだろうか？
・まったく言葉が入っていかないが、何に意識がいっているのだろう？
・もしかしたら、この言い方では何度言っても通じないのかもしれない？
・嘘ではなく、本当に思い込んでいるのかも？
・それは誰の言葉？　誰の気持ち？　子供の気持ちは無視していないだろうか？

などのように、様々な視点で子供を観察すると「支援・対応・共感」の幅が広がります。発達凸凹児育てには、多少の専門知識と柔軟な視点が必要ではないかと思います。そして無駄にイライラしたり、怒ったりして親子の関係性を悪化させることは発達の促進を阻害してしまいます。この悪循環に陥らないためにも、柔軟な視点が大切ではないでしょうか？

9　子供を笑わせると、行動を切り替えやすくなる

息子はタッチを始めた頃、とにかく切り替えができませんでした。次の行動に移れないのです。遊んでいる途中で、食事に誘ってもなかなか食べないし、出かけたくても着替えてくれません。一番困ったのは、外へ遊びに行った時に「帰るよ～」と声掛けをしてから帰ろうとする迄に、一時間はかかりまし

た。でも私は怒りたくないので、なるべく付き合いながら、最後はおやつで釣って帰るパターンが多かったです。

家での対策は、思い切り笑わせるとさっきまでしていたことを忘れてしまうのか、次のことに取り掛かりやすくなりました。ですので、何か次のことに移りたい時は（じらしながら追いかけるとゾクゾクを楽しむように大喜びするので）追いかけては捕まえてくすぐっていました。体を動かすことで頭も切り替わるようです。

テレビなどを長い時間見ていて、そろそろ宿題をやって欲しい時などに、くすぐったり「鼻なめるぞ～」と言ってなめたりして少し笑わせると、気持ちが切り替わりました。今でも、ゲームがやめられない時などは「スネ毛抜くよ～」と本当にスネ毛を抜いたりすると、息子は半ばあきれ気味に「ハイハイ、やめますよ（笑）」とか言いながら、やめたりします。何かやらかした時は「このバカちんが！」と金八先生モードで怒ります。本当に深刻なこと以外は、私はわりとふざけています。

私は誰でも失敗もするし、やらかしてしまうと思っているので、子供に素直になれる余白を残しておきたいのです。

ママがムキになり、怒鳴りまくっていると、子供は耳も心も塞ぐようになります。体には緊張が走り、せっかくタッチをしていても、効果が減ってしまうのはもったいないです。

私がタッチを始める時に、息子が話せずママと呼べなかったことは、今では良かったと思っています。そこをクリアできるならばなんでもしようと思えたので、自分を変えることができたのです。当時「怒っていたら効果がない、躾はあと」と言われて、私はピタリと怒るのをやめました。それまでは外に遊びに行けば危ないと怒り、家の中でもダメ出しばかりしていました。でもタッチライフを始めて、楽しく遊びまくり笑わせていたら、指示が入るようになり、言葉も増えました。

子供は行動を切り替えるその瞬間に「変わる」ということに不安を感じ抵抗を示すことがあるように思います。ですが、たいていの場合、次の行動に移ってしまえば大丈夫です。いつまでもお風呂に入るのを嫌がっていたと思ったら、入ってしまえば楽しく遊んで長風呂になる、というお子さんはよくいます。

もう一つは、どんなに長い時間を待たされても、子供が自分から行動を切り替えられた時には、それを喜び褒めることです。「あ〜よかった。お家に帰ってくれると、ママはご飯を作れるから助かるよ」と喜ぶ姿を見せ「おーすごい　すごい、自分でゲームやめられたね」と言うのです。そうしていくうちに、切り替えにかかっていた時間が短くなっていきます。

このようにして息子も、自分を抑制・管理する力につながっていったように思います。

10　感情を拾い言語化すると、自分が分かっていく

「感情を拾う」とは、子供の様子を見ながら、その感情や感覚を表現する言葉で声をかけていくことです。発達凸凹児の中には、自分の感情をつかむことが苦手なお子さんがいます。今、嬉しいのか悲しいのか、怒りたいのかなどがぼんやりしていたり、どうしたいのか、何が欲しいのかが分からなかったりして、自分で選べないこともあります。また分かっていてもそれを言語化できず、伝えられないので、話すのが面倒になってしまいます。

「嬉しいね～　楽しいね～　面白いね～」「嫌だね～　怖いね～　悲しいね～　がっかりだね」「助かるね　ありがとうだね」「残念だね　ごめんなさいだね」「びっくりしたね～」「ぷんぷんだね　頭にきたね　悔しいね」「好き？　嫌い？　どっちでもない？」「おいしいね～　おいしくないね～」「寒いね冷たいね　暑いね　あったかいね」「気持ちいいね」……このような言葉を意識的にかけていくと、目に見えない感情を認知し、言語化していく力になります。

ここで大切にしたいのは「気持ちいいね」という言葉掛けです。これは自分の体で感じた感覚を、きちんと感じ取ることができることにつながります。人は、これが分からなくなると何が楽しくて生きているのか分からなくなってしまうからです。

「気持ちいい」つまり「快感覚」を大切にしながらタッチを行うことが、発達を促進させ、自己選択していく力を育てることにつながっていきます。

言語化することに困難があるお子さんの言葉の表出を促し、言葉を増やそうとするには、体からアプローチすることが大変重要になります。

第8章　タッチライフの大切さ

【やってみて体得するもの】

タッチを取り入れてきて本当に良かったと思うことは、息子との穏やかな関係のように思います。私はあまり怒ったことがないのです。というか、怒らなくてすむようになりました。

タッチを取り入れる前は、危ないことばかりが目について「ダメ！　コラ！」と怖い顔をして叫んでいましたが、タッチライフに切り替えてからは、本当に怒らなくなりました。そして息子は言うことを聞いてくれるようになり、とても穏やかな生活になっていきました。他のお子さんと比べて凹むこともありましたが、息子の体に触れていると、息子がどれほど頑張っているのかがなんとなく分かり、なにをやってもどんな結果でも、「息子なりに頑張っているな、私も頑張ろう」と思えるようになったのです。

息子は、学校で起きたことを言葉でうまく説明することができなかったので、体に触れることでその日の様子にも気づいていきました。緊張やプレッシャー、嫌なことがあった日は体が硬くなりました。また荒れている日は抱っこをすると、ガチガチだった体から力が抜けていきました。

こうして私は、タッチを通して関係性を育てることの大切さを実感していきました。親として「教える、上から物を言う、支配する」という関わり方ではなく「お互いに支え合い、成長する関係をつくっていく」のがタッチライフです。施術や手技が重要なのではなく、お子さんのその日の様子に合わせた触れ方・接し方を毎日積み重ねることで、親子で作り育てていくのがタッチライフです。

よく「一日に何回、何分やればいいですか？」という質問がありますが、回数や時間ではありませんし、多くすれば良いということでもありません。そのお子さんに必要な分をできるだけ、とお願いしたいです。例えばピアノ練習で、「何分やればいいですか？」と聞かれたら「うまくなりたいの？　なりたくないの？」ということと同じです。本当に上手になりたい人は、何分やればいいですか？　と聞かないでしょう。一つのことを一日でマスターする人もいれば、三日かかる人もいて、人それぞれです。タッチも同じです。一人ひとりの凸凹具合も、脳や体の成長力も、才能も違います。ですので、できるだけ取り入れてください、とお願いしています。やった分は必ず返ってきます。やっていくうちにコツをつかみ、体得していきます。

【未来の生きやすさにつながる】

大人の発達障害の方からご相談をお受けしていて、私は「関係性の理解と構築力」というキーワードに行きつきました。

年齢が低い頃は、自分のことで大変な時代ですから、癇癪、こだわり、集団苦手、などの改善にタッチは役立ちます。

年齢が上がるにつれ、お友達や先生など他者との関わりでの悩みが出てきます。そして大人になると、仕事や友達などの対人関係の悩みが目立ちます。

発達障害の診断がついていても、その傾向がほんの少しでも、知的に問題があるなしに関わらず、周囲の人とトラブルなく過ごせている方と、そうでない方がいますが、その違いは何だろう？　と思いませんか？

凸凹のある大人の方の「人付き合いや会話がうまくいかない」というお悩みの理由には次のようなことへの理解が未発達であると感じます。

・人との距離感。
・自分の立場・相手の立場。
・その時の状況と自分の関係。
・他者の気持ち。
・自分の発言を相手がどう受け取るかの予測。
・何が優先するのか。
・誰を尊重すべき事柄なのか。
・表情や語尾。

相手や他者を大切に思っているのに、人や状況の関係性の把握が弱いため（もちろん他にも要因はあります）、結果的に自分のことばかり話していたり、状況に合わないことをしてしまったりする場合があります。

これらはすべて「関係性の理解と構築力」の弱さと言えるでしょう。トラブルにならない人は、なんとなく捉える力があるのです。学力も大切ですが、ここを子供の頃から意識的に育てていくことが、発達凸凹児には大切なのではないかと思います。

【タッチは愛情エネルギーを充電すること】

タッチライフを取り入れていただくと、「やらなかったことをやるようになった」「自分からやるようになった」「興味が広がった」というご報告をいただきます。つまり、やる気や自立心がアップするのです。親から見れば少々危なっかしいことでも、子供から自分でやると言っている時が成長のチャンスです。

発達凸凹児の場合、やろうと思っているのにできない場合もあります。不安が強かったり、記憶の混乱があったり、筋肉や神経などの身体的問題と、様々な要因があります。でも、だからこそ「やる気」が必要なのではないかと思います。

「やる気」があるというのは、どういう状態だと思いますか？

それは、子供の心が安定し、安心し、自分を肯定できている時です。

ではどうしたらそれを感じていることができるでしょうか？

できたこと、やったことを褒めることですか？

私はやったことへの評価ではなく「ただ愛情を伝えること」だと思っています。子供は常に親から愛されていることを感じていれば、素直でやる気があり、自立心が出てきます。

タッチは愛情エネルギーの充電です。

何かができたから、いい子だったからするのではなく、いつもどんな時でも、触れて愛情を伝え、子供もそれをキャッチし確認できます。

「甘えと甘やかしの違いはなんでしょう?」とよく聞かれます。「甘え」とは子供が愛情を確認し、安心する行為なのです。ただ体をくっつけてきたり、抱っこをせがんだり、靴を履かせてもらいたがったり。すべてをその時に聞いてあげられるわけではないのですが、甘ったれとかわがままと言わず、受け止めてあげて欲しいと思います。

「甘やかし」は、子供がやろうとしているのに手伝ってしまったり、過干渉的に転ばぬ先の杖のように、先回りして道の小石を拾ってしまったりするような行為です。これは伸びるチャンスを奪ってしまうことになります。

「タッチは先行投資のようなもの」と第5章で書きました。

タッチライフは、いつも愛情エネルギーの充電ができていて、その都度愛情を確認しなくてすむのです。そして安心と安全で余裕ができ、外界に興味や意識が向き「新しいことに挑戦しよう、自分一人でやってみよう」と、やる気や勇気が出てくるのです。同時に他者に対する思いやりも生まれます。

愛情は伝わっていなければ意味がありません。子供が感じ取っていなければ意味がないのです。ぜひタッチでしっかり伝えてください。

【タッチはどんな子供にも有効？】

個別相談でタッチをお教えすると「これはむしろ兄弟児に必要かもしれない。いつも我慢をさせてしまっていて……」とおっしゃるママがとても多いです。発達凸凹児の兄弟児は上でも下でも、兄弟としてストレスと愛情が葛藤する複雑な気持ちを子供ながらに抱えていると思われます。

・いつも暴れて泣いている兄を待っていなくてはいけない。
・大変そうなママを助けてあげなくてはいけない。
・友達はどう思うのだろう。
・自分だって甘えたい。

などと、親とはまた違う心境があるでしょう。そんな気持ちを分かりつつも、ママは目の前のことで手一杯な状況であることも多いと思います。そんな時は「兄弟児の方からタッチをしてあげてください」という場合もあります。そして

・いつも我慢してくれていることへお礼を言いながらタッチをすると、とても喜びました。
・高校生でも嫌がりませんでした、必要だったようです。
・もっとやって欲しいと、言ってくるようになりました。
というようなご報告が多いです。このようにタッチは兄弟児の心のケアになると思います。


また、発達凸凹児のどんなお子さんにもタッチは有効なのか？　という疑問もあるかと思います。有効とする感覚は人それぞれかと思いますが、困り感が減る、発達が顕著に表れる、大きな変化が感じられる、コミュニケーションがとりやすくなった、ということが必ず現れるとは言いきれません。これはお子さんの脳機能不全の状態や触覚器官の未発達具合で違ってくるでしょう。オキシトシンの分泌力も一定と言えるものではありません。効果がすぐに現れるお子さんもいれば、半年やって変わってきた、という場合もあります。タッチは相互作用も大きいので、お子さんよりもママの気持ちや余裕に変化が現れることも多いです。

またタッチライフはタッチだけではなく、運動や関わり方の総合的アプローチですので、例えば関わり方が厳しく否定的な言葉をいつもかけていればタッチも効果はないでしょう。

タッチだけではなくどんなアプローチも、そのお子さんに合っていれば効果がありますし、変化を感じられない場合や嫌がる場合は、他の方法をどんどん試すというスタンスを持つ柔軟性も、発達凸凹児を育てる上で大事な要素かと思います。発達凸凹は、それぞれ特性やその時の症状が違うように、アプローチも違って当たり前だと考えます。栄養療法が優先なのか、運動を強化したほうが良いのか、理論で説明したほうが分かりやすいのか、それぞれ違うのです。でも、どんなアプローチであっても、ママの言葉が入っていかなくては進みません。

これまで述べてきたように、タッチは「関係性」という概念を理解、認知するために非常に重要なアプローチです。関係性を理解するにはまず自己を認識し、次に母親を認識し、関係性（自他）を認識します。その認識が弱いままではどんな働きかけも受け取る力が弱くなります。様々な療法を試しても、子供の方に受け取れる力が弱いままであれば、効果が出にくいわけです。ですので、タッチは基礎であり、土台であり、最初に取り入れる価値のあるアプローチであると思っています。

まずは難しく考えず、施術方法なども気にせず、愛おしく赤ちゃんを抱くようにお子さんに触れていただきたいと思います。

■こんなお子さんにタッチライフはおすすめです

診断や年齢は関係なく、凸凹傾向があるかも知れないと思ったら、どうぞタッチライフをお試しください。

【赤ちゃんの頃】

□あまり人見知りをしなかった
□夜泣きがひどく、抱っこしたまま寝るなどしていた
□首の座り、腰の座りが遅かった
□ハイハイをあまりしなかった
□歩きだしたら、どこへでも行ってしまった
□指さししなかった

【体のこと】

□体の動きがぎこちない
□体に力が入っていない感じ

□握力や腕の力が弱い
□つま先立ちでよく歩く
□動き回る・多動・落ち着かない
□バランスが悪くよく転ぶ
□姿勢を保つのが困難・きちんと座れない
□ジャンプやスキップができない
□とても不器用
□距離感がとれない
□オムツを外すのが困難・トイレへの抵抗が強い
□頻尿・夜尿などの排泄に問題がある
□視機能に問題がある（視野狭窄・色弱・斜視）
□噛む・飲み込むことが苦手で、食べるのが遅い
□とても疲れやすい

【関わること】
□意思の疎通がとりづらい

□指示が入らない・入りにくい
□関わろうとしても反応が薄い
□他の子に関心が薄い
□誰にでも挨拶する
□知らない人にも話しかける・ついて行く
□転んでも泣かない
□迷子になっても泣かない
□友達に関心があるが、うまく関われない
□一斉指示が入りにくい
□模倣をしない
□反射的に手が出てしまう・突き飛ばす
□衝動的に大声を出す
□距離感がとれない、しつこくなってしまう

【感覚のこと】

□（聴覚・視覚・触覚・味覚・嗅覚・痛覚・体感覚）の過敏・鈍麻がある

□すべての音や声が聞き取れてしまう
□癇癪が多い
□こだわり行動や反復行動が多い
□奇声が多い
□クルクル回る・キラキラを見つめるなど感覚刺激遊びが好き
□ファンタジー傾向が強く、空想が好き

【言葉のこと】
□言葉が遅い
□同じフレーズなどを、繰り返し言う
□オウム返しなどのエコラリアや独り言がある
□会話が一方的・ちぐはぐ
□言葉通りに受け取る
□単語にこだわる・引っかかる
□状況や気持ちなどを説明するのが苦手
□おしゃべりが止まらない

【不安・恐怖なこと】

□何事にもとても怖がる

□母子分離で泣き叫ぶ

□知らない場所・人・行動に抵抗する

□集団が苦手・行き渋りが多い

□暗いのをとても嫌がる

□寝起きに泣く・なかなか寝ない

□見通しがないと不安・何度も予定を聞く

□予期不安が強い

【情緒のこと】

□こだわり行動が強い

□行動の切り替えに、とても時間がかかる

□集中せず、散漫な遊び方をする

□おもちゃをあまり使って遊ばない

□衝動的な言動がある
□テンションが高くなりすぎる
□気を引こうと、いたずらをする
□突然攻撃的になる
□失敗やトラブルなどを人のせいにする
□暴言を吐く時に顔つきがするどくなる
□感情の把握・コントロールが下手
□爪噛み、指なめなど自己刺激をする

【管理・記憶のこと】

□物の管理・片づけが苦手・やりっぱなし
□忘れ物が多い・予定を忘れる
□忘れたことを悪いと思わない
□予定を把握する必要性が分からない
□計画的な行動が苦手
□記憶の問題がある

□記憶力がとても良い
□記憶の時系列が混乱している
□最初の記憶が定着しすぎて、こだわりやトラウマになる
□昔の出来事を、今起こったかのように話す
□親や周囲の対応が悪かったことを、いつまでも非難する

【認知・社会性のこと】
□立場の理解・状況の把握が苦手
□自他の区別が弱い
□自分と相手の関係性を理解できない
□思い込みが強く、説明しても納得しない
□感情を言葉にするのが苦手
□人の感情・表情を読むのが苦手
□自分を客観的に捉えることが苦手
□現実と空想が混乱している
□ルールの理解が難しい

□ルールを分かっていても守れない
□人の体に触るなどダメなことをしてしまう

【学習のこと】

□文字を覚える・読む・書くことが苦手
□数の概念・計算・時計の理解が苦手
□興味のあることへの集中力が高い
□宿題をするのに、とても時間がかかる
□学力が高い

【二次的症状】

□不登校になる
□脅迫的行為がある
□暴言・暴力・破壊的な行動がある
□自傷や他害行為・自己否定的なことを言う

発達の凸凹傾向から起きる症状は、挙げればきりがないくらい様々あります。症状は一人ひとり違い、その困難さがどのくらいなのかも、置かれている環境や性格などでずいぶん違ってくることと思います。一つひとつに働きかけて対処することも大切ですが、タッチライフは根本に働きかけるため、自然にこのような困り感が減っていきます。発達の底上げをする感じです。私はこれを発達の土台を強化する、と言っています。

また、関係性の理解力が育まれ、安心感や信頼感が絶対的なものとなっていきます。それにより、物事に対する理解力や自己抑制力もアップし、結果的に生きやすさにつながっていきます。

■こんなお子さんにタッチライフはおすすめです

おわりに

息子が五歳の時に頭蓋骨の手術で長期入院をしました。その入院の少し前に東田直樹さんの『この地球にすんでいる僕の仲間たちへ』（エスコアール　二〇〇五年）という本に出会い、入院中何度も読んでは、まだ会話が上手ではなかった息子のことを理解できたように思い、手術や入院生活の支えとなりました。東田さんの言葉はどんなに私が息子を想っても、知らないことがあるということを教えてくれました。当事者にしか分からない感覚、見えているもの、感じていること、話さないけれど理解していることなど。私は自分の考えや感覚がいかに狭く傲慢だったかを知ることができ、より息子に寄り添えるためには、もっと発達凸凹について知ることが重要であると知りました。

また、私たちの発達凸凹生活を支える本を世の中に出してくださった（株）エスコアールさんにもとても感謝していました。そんな中、私もご縁をいただき出版をさせていただくことになり、心より感謝しています。タッチライフの考え方に賛同してくださった編集の鈴木さんには本当にお世話になりました。ご迷惑をかけつつも最後まで力を貸してくださった出版社の皆さまにも心より感謝申し上げます。

カウンセラーになり出版ができるようになるまで最初から支えてくださった星野千加さん、推薦文を快く書いてくださった山口創先生、感想文を他のママさんたちにも届くようにと提供くださった皆さま、我がことのように喜んでくれた家族や友人、イラストを提供くださったカナマルミナコさん、これまでにセッションや講座で出会った皆さま、ブログやメルマガを読んでくださった皆さま、この場をおかりして心よりお礼を申し上げます。

また、この本を書かせてくれた息子へ感謝しています。本書のイラストの下絵をしばらく眺め少し泣きそうになりながら「懐かしいな～　これが本になるの？　嬉しいな～」と言ってくれた息子。まさか三歳の時の記憶があるとは思わず驚きましたが、二人で抱き合ってその時の想いを噛みしめる瞬間がありました。タッチに出会えたこと、また、息子を支援してくださったすべての方へ感謝しております。

本書をお読みくださり、一つでも生きやすさにつながることを感じていただけたら幸いです。

凸凹していても、育てやすく、生きやすくなるために自己理解と社会での理解が進むことを願っています。

参考文献

岩永竜一郎『もっと笑顔が見たいから―発達デコボコな子どものための感覚運動アプローチ』（花風社　二〇一二年）
神田橋條治ほか『発達障害は治りますか？』（花風社　二〇一〇年）
栗本啓司・浅見淳子『芋づる式に治そう！―発達凸凹の人が今日からできること』（花風社　二〇一五年）
シャスティン・ウヴネース・モベリ『オキシトシン―私たちのからだがつくる安らぎの物質』瀬尾智子・谷垣暁美訳（晶文社　二〇〇八年）
菅原裕子『子どもの心のコーチング―一人で考え、一人でできる子の育て方』（ＰＨＰ研究所　二〇〇七年）
田口恒夫『子どもの心と言葉（コミュニケーション力）を育てる本―安心感のタンクをいっぱいに満たす子育て』（リヨン社　二〇〇〇年）
傳田光洋『賢い皮膚―思考する最大の〈臓器〉』（筑摩書房　二〇〇九年）
テンプル・グランディン『自閉症の才能開発―自閉症と天才をつなぐ環』カニングハム久子訳（学研プラス　一九九七年）
テンプル・グランディン『自閉症感覚―かくれた能力を引きだす方法』中尾ゆかり訳（ＮＨＫ出版

二〇一〇年）
灰谷孝『人間脳を育てる―動きの発達&原始反射の成長』（花風社　二〇一六年）
東田直樹・東田美紀『この地球（ほし）にすんでいる僕の仲間たちへ―12歳の僕が知っている自閉の世界』（エスコアール　二〇〇五年）
東田直樹『自閉症の僕が跳びはねる理由―会話のできない中学生がつづる内なる心』（エスコアール　二〇〇七年）
東田直樹『あるがままに自閉症です―東田直樹の見つめる世界』（エスコアール　二〇一三年）
東田直樹『風になる―自閉症の僕が生きていく風景』（ビッグイシュー日本　二〇一五年）
平岡禎之『うちの火星人―5人全員発達障がいの家族を守るための〝取扱説明書〟』（光文社　二〇一四年）
宗像恒次『自分のDNA気質を知れば人生が科学的に変わる』（講談社　二〇〇七年）
山口創『子供の「脳」は肌にある』（光文社　二〇〇四年）
山口創『手の治癒力』（草思社　二〇一二年）
山口創『腸・皮膚・筋肉が心の不調を治す―身体はこんなに賢い！』（さくら舎　二〇一三年）
山口創『人は皮膚から癒される』（草思社　二〇一六年）
米田衆介『アスペルガーの人はなぜ生きづらいのか？―大人の発達障害を考える』（講談社　二〇一一年）

著者プロフィール

発達支援カウンセラー　おーこ

2014 年から発達障害児、大人の方への個別相談を始める。

発達障害を持つ息子を 3 歳から 15 年間、タッチを中心としたアプローチで育てる。

発達障害と触覚の関係に着目し研究。

タッチで発達障害の育てづらさ、生きづらさを減らしながら、安心と愛情のエネルギーチャージができる親子関係の大切さを実践家として提唱している。

個別相談や「発達凸凹タッチライフ講座」などで「対処より促進」「褒めるより喜ぶ」などを優先し発達凸凹特有のクセに合う関わり方を伝えている。

■公式サイト　http://ooko-touchlife.com/
■ブログ　https://ameblo.jp/ookonosora39/

発達凸凹を感じたらタッチライフをはじめよう！

2018 年 5 月 22 日　初版第 1 刷　発行
2018 年 6 月 28 日　初版第 2 刷　発行

著　者　おーこ
発行者　鈴木弘二
発行所　株式会社エスコアール　千葉県木更津市畑沢 2-36-3
電話　0438-30-3090　FAX　0438-30-3091
URL　http://escor.co.jp
印刷所　株式会社わかば

ISBN978-4-900851-97-9
イラスト：カナマルミナコ